Antara Reimann • Peter Eckel

ERDE, FEUER, LUFT UND WASSER

Schirner Verlag

Rituale und Wissen rund um die Naturelemente

Wir verzichten auf das Einschweißen unserer Bücher – **UNSERER UMWELT ZULIEBE!**

ISBN Printausgabe 978-3-8434-1434-0
ISBN E-Book 978-3-8434-6465-9

Antara Reimann & Peter Eckel:
Erde, Feuer, Luft und Wasser
Rituale und Wissen
rund um die Naturelemente
© 2021 Schirner Verlag,
Darmstadt

Umschlag: Elena Lebsack, Schirner,
unter Verwendung von # 111847064
(© agsandrew), # 473791678 (© Master_An-
drii) und # 1920471464 (© Ms VectorPlus),
www.shutterstock.com
Layout: Simone Fleck, Schirner
Lektorat: Natalie Köhler &
Bastian Rittinghaus, Schirner
Printed by: Ren Medien GmbH, Germany

www.schirner.com

1. Auflage Mai 2021

INHALT

Auf der Erde sitzend,
spüre die Wärme des Feuers,
höre das Flüstern des Wassers
und lausche dem Wind.
Sei eins mit allem, was ist.

Dieses Buch ist allen Menschen gewidmet
in der Hoffnung, dass wir sie ein Stück mehr das Wunder »Leben«
auf dieser Erde erleben und begreifen lassen können.
Der Zauber in allem möge die Herzen berühren,
und mögen wir erkennen, wie wir begleitet werden,
wenn wir es zulassen und diese Güte anerkennen.
Möge Frieden herrschen zwischen allen Bewohnern dieser Erde,
den sichtbaren und den feinstofflichen.

VORWORT ...

... von Antara Reimann

Die Idee zu diesem Buch entstand während der Einstimmung auf eine Schwitzhütte im indianischen Stil. An der Feuerstelle wartend, den Feuerhüter bei seiner Arbeit beobachtend, fühlte ich mich ganz intensiv mit den Elementen verbunden. Ich empfand es, als würden nach und nach alle Elemente meine Aufmerksamkeit rufen.

Auf der Erde sitzend, spürte ich die Kühle, die aus ihr aufstieg. Meine Hände griffen ins Gras, spürten jeden einzelnen Halm. Mich hinunterbeugend, roch ich den würzigen Duft der Halme. Ich saß auf der Erde, auf Mutter Erde, aus der heraus meine Nahrung entsteht.

Vor mir loderte ein großes Feuer, und die Hitze zeigte, welche Kraft in ihm wirkte. Um das rechte Maß zwischen wärmend und verbrennend zu finden, wich ich ein Stück vor der sengenden Hitze zurück.

Plötzlich schwoll der Wind an, und die Flammen stoben. Sprungartig wich ich weiter zurück. Der Wind, das Kind der Luft, ließ das Feuer tanzen. Im Kreis herum peitschten die Flammen. Zum Himmel hinauf sprühten die Funken des Holzes. Die Böen des Windes lenkten den ureigenen Tanz des Feuers, der Wind bestimmte die Richtung. Die Bäume um uns herum knarrten, und ihre Äste wiegten sich hin und her. Die Funken stoben immer heftiger in golden glitzernden Funken empor.

Und es begann zu regnen. Erst fielen ganz wenige kleine Wassertropfen herab. In den nächsten Minuten wurden sie dicker und auffällig mehr. Schnell deckte ich mein Mitgebrachtes mit meiner Tasche zu. Überall, wo die Tropfen auf das Feuer fielen, zischte und qualmte es. Feuer und Wasser begannen ihr Spiel der Wandlung, ihren Kampf. Wer würde siegen? Würde das Feuer das Wasser verdampfen lassen oder das Wasser das Feuer löschen?

Schweigend spürte ich in die Situation hinein. Mein Blick wanderte umher. Ich erlebte gerade die Hochzeit der Elemente Erde, Feuer, Luft und Wasser, durfte ihrem Zusammenspiel beiwohnen. Tief in mir fühlte ich den Segen, den mir dieses Erlebnis schenkte. In Vorbereitung auf die Schwitzhütte begrüßten mich die Elemente und stimmten mich auf die Verschmelzung mit ihnen ein. Die Schwitzhütte würde mich den Elementen noch ein Stück intensiver begegnen lassen durch die glühenden Steine, das darauf gegossene Wasser, durch die Gebete, die in die Luft aufsteigen würden, und den Halt der Erde, auf der ich sitzen würde.

In dieser Schwitzhütte wurde der Same für dieses Buch gesetzt. Erst viel später entschied ich mich, es endlich anzugehen. Während ich mich auf das Gefühl einließ und dabei entspannt über die große Wiese neben meinem Haus schaute, befahl mir mein inneres Selbst, das Nachfolgende aufzuschreiben:

Mein Versprechen:

Möge der Zauber der Erde in mich hereinströmen.
Möge ihre Magie meine Erinnerungen erwecken.
Lasse meine Zellen erwachen und das Leben nähren.
Lasse meine Gedanken das Gute formen.
Zwischen Himmel und Erde will ich wandeln,
aus meinem Herzen heraus will ich handeln.
Ich will mich aufrichten und die Kraft erspüren.
Diese Kraft, die mich klar macht,
diese Kraft, die erschafft.
Ich schwinge in der Liebe, denn ich bin reine Liebe.
Ich erinnere mich.
Reine Energie verbindet mich mit dir.
Ich bin gekommen, um zu formen.
Ich bin hier, um zu bewahren.
Die reine Liebe soll meine Führung sein.
Mögen meine Taten zum Wohle aller Wesen führen.
Möge ich die Balance schaffen zwischen Hell und Dunkel,
zwischen Leicht und Schwer,
zwischen Geburt und Tod.
Mein Handeln dient der Heilung und dem Licht.
Ich gehe voraus.
Ich bereite den Weg.
Dies ist meine Aufgabe.
Ich diene.
Ich bin bereit.

Dieser Text floss mir einfach aus dem Herzen und durch die Finger auf das Papier. Noch während ich schrieb, kullerten mir Tränen über mein Gesicht, und aus vollem Herzen sagte ich »Ja« dazu. Mein Weg mit den Elementen an meiner Seite dauert immer weiter an und hält die Faszination lebendig. Ich freue mich darauf, mit diesem Buch deine Verbindung zu den Naturelementen zu bereichern und dich zum gemeinsamen Erleben einzuladen.

Antara Reimann, die Raunende
Waltrop, im Januar 2021

... von Peter Eckel

Es ist lange her, dass ich während eines Seminars, im Kreis von Freunden sitzend, den Impuls bekam, eine Geschichte über das Feuer zu erzählen. Eine Geschichte, die damit begann, wie sich unsere nordischen Vorfahren in ihrem Zuhause, einer Höhle, Mutter Erde anvertrauten, wie sie Schutz vor dem harten Winter mit seinem nasskalten Wetter suchten. Eine Geschichte, die sich um die Erdgeschichte, die menschliche Entwicklung, die Bedeutung der Gesprächskreise und die Symbolik des Zusammensitzens am Feuer drehte. Eine Geschichte, die aber auch Mut machte und aufzeigte, dass die Natur uns alles gibt – sowohl die Herausforderung als auch die Lösung.

Die Stille im Raum, meine Stimme, die sich, im Nachhinein betrachtet, wie das Knistern des Feuers anhörte und in den Worten die Wärme mitschwingen ließ, die Ergriffenheit, die ich in jenem Moment spürte, sind später für mich oft Anlass gewesen, an diesen Tag zu denken. Ich begriff, dass ich damals eine Botschaft der Geistigen Welt an den Gesprächskreis hatte geben dürfen, eine Botschaft, die wie ein ins Wasser fallender Stein seine Kreise gezogen und auf alle in der Runde gewirkt hatte. Ich wusste in meinem Inneren, dass ich diese Thematik gern tiefer und intensiver beleuchten wollte.

Als Antara mir vor mehr als einem Jahr von ihrer Anregung zu diesem Buch erzählte, keimte in mir sofort der Wunsch, die einzelnen Elemente so zu beschreiben, wie sie sich, angelehnt an den Wandel des Bewusstseins der Menschen, im Laufe der Zeiten in Wirkung und Bedeutung verändert haben. Heute werden die Elemente oft nur für ihre wirkenden Eigenschaften wahrgenommen, die durch den ganz persönlichen Erfahrungs- und Aufmerksamkeitsfilter des Betrachters und seiner Umgebung geprägt und beeinflusst sind.

Mein Antrieb und Wunsch für dieses Buch sind es, den einzelnen Elementen den Platz und Raum zu geben, der ihnen zusteht. Dieses Buch soll dich anregen, dich mit den Elementen zu verbinden und aus der Arbeit mit ihnen Kraft, Energie, Erfahrung und Wissen zu schöpfen, das dich ganzheitlich fordert und fördert.

Peter Eckel
Waltrop, im Januar 2021

UNSERE AHNEN UND DIE ELEMENTE

Lange bevor Mensch und Tier diese Erde bevölkerten, existierten bereits die Naturelemente. Genau betrachtet, würde nichts existieren, wenn nicht das uns bekannte Zusammenspiel der Elemente Erde, Feuer, Luft und Wasser auf genau diese Weise geschehen würde. Für den Tanz dieser vier Elemente schafft das fünfte Element, der Äther, den Raum. Äther erzeugt das Energiefeld, in dem die vier Elemente wirken und so das Leben entstehen lassen können. In der heutigen Zeit nehmen wir uns nur noch selten die Zeit, die Elemente Erde, Feuer, Luft und Wasser in ihrer Ursprünglichkeit wahrzunehmen. Wer erkennt noch die Schönheit eines lebendig vor sich hin plätschernden Baches und die Ruhe, die er trotz seiner Lebendigkeit verbreitet? Welcher Erwachsene setzt sich heutzutage noch ohne Decke oder Sitzkissen mitten in der Natur auf eine Wiese? Hast du in letzter Zeit, nach oben schauend, in einem Wolkenbruch gestanden und die reinigende Kraft des Regens erlebt oder dich in den Sturm gestellt? Mit ausgebreiteten Armen den Wind an deiner Kleidung zerren und seine Kraft durch deine Körperzellen pusten lassen? Wie befreiend ist die Vorstellung, dass du und deine Zellen gelüftet werden und das Alte hinfortgeblasen wird! Für viele Menschen gehören solche Erfahrungen nicht mehr zum alltäglichen Erleben, sie sind allenfalls Freizeitaktivitäten.

Für unsere Vorfahren gehörten sie zum Leben dazu, und sie wussten um die Heiligkeit des Zusammenspiels der Elemente. Auf der Suche nach geeigneten Plätzen zum Ansiedeln achteten sie darauf, dass diese über eine gesicherte Versorgung mit Wasser verfügten. Der Erdboden sollte fruchtbar sein, um nahrhaftes Wachstum und eine gute Ernte zu sichern. Fanden sie einen Wald in der Nähe, war die Versorgung mit Beeren, Kräutern, Wurzeln und jagdbaren Tieren gesichert. Wenn nun auch noch die Sonne schien, der Wind die Samen fliegen ließ, wuchs die Siedlung, und mehr Menschen konnten sich die Arbeit teilen. Solche Plätze fand nur, wer die Zeichen der Natur lesen konnte. Eine geschützte Ansiedlung in fruchtbarer Umgebung erhöhte die Chancen, die manchmal brachialen Kräfte der Naturgewalten zu überleben. Unsere Vorfahren wussten aus eigener Erfahrung, wie lebensgefährlich die unvorbereitete und ungeschützte Begegnung mit den Elementen werden konnte. Junge Kinder und Jugendliche wurden bereits im täglichen Leben in die Magie der Elemente eingeweiht. Gemeinsam lernten sie fürs Leben. Die Alten gaben ihre Lebenserfahrung an die nächste Generation weiter.

Mit der voranschreitenden menschlichen Evolution fand man geeignete Maßnahmen, den Auswirkungen von Blitz, Hagel, Überschwemmungen, Trockenheit und Sturm entgegenzuwirken und sich zu schützen. Unseren Vorfahren war bewusst, dass ein karges Jahr mit viel Trockenheit auch wenig Futter und weniger Geburten beim Wild bedeutete, es weniger Beeren und Pilze im Wald und weniger Früchte auf den Bäumen gab. Ein Mangel an Nahrung bedeutete karge Vorräte für den Winter und damit eine existenzielle Bedrohung. Deshalb lasen sie die Zeichen in der Natur und verfeinerten diese Fähigkeit von Generation zu Generation innerhalb der Familie und Sippe. Die Form und Farbe der Wolken waren Zeichen der Wetterentwicklung. Die Reaktion der Wildtiere ließ aufkommende Gewitter erkennen. Unsere Vorfahren konnten die Signale der Elemente »hören«. Sie waren davon abhängig, an den Zeichen im Sommer und Herbst die mögliche Dauer und Intensität des Winters abschätzen zu können. Dies bedeutete, die hohe Kunst des Elementelesens zu beherrschen. Die Samen- und Früchtebildung in der Natur und die Wildtiere zu beobachten, half, richtige Schlüsse zu ziehen: Wann werfen die Bäume ihr Laub ab? Tragen sie übermäßig viele Früchte? Wie viele Jungtiere gibt es in der freien Umgebung? Das Wissen und die Erfahrung um die Zeichen der Natur ließen die Menschen den Einklang mit der Schöpfung empfinden. Die Beobachtung von Wind, Bodenbeschaffenheit und Regen ermöglichte ihnen eine gute Planung und schenkte die Sicherheit einer guten Ernte und damit die Entwicklungsfähigkeit der Familien.

Für unsere Ahnen waren die Elemente beseelt. Mit dem Entstehen der Religionen veränderte sich der Glauben an die Naturkräfte. In vielen Kulturen wurden sie nun als Eigenschaften und Fähigkeiten verschiedener Gottheiten angesehen. Zum Beispiel wurde im alten Griechenland dem Gott Hephaistos die Macht über das Feuer zugesprochen. Sulis war für die Angelsachsen die Göttin der Quellen und der Heilkraft des Wassers, bei den Römern hieß sie Minerva.

Dieser Art gibt es viele weitere Überlieferungen, die uns erkennen lassen, wie wichtig unseren Vorfahren das Bewusstsein für die Kraft der Elemente war. Durch regelmäßige Rituale und Zeremonien im Jahresverlauf gaben sie ihrer Wertschätzung öffentlich Ausdruck. Sie beobachteten sehr genau, wie gut sie von den Naturelementen unterstützt wurden und ob sie vor einem Übermaß an Einfluss bewahrt wurden.

»Halt Schaden von mir fern, dann danke ich dir gern«, war ein häufiger Haussegen. Denn waren Blitz, Donner und Feuer ungnädig, konnte schon einmal ein Haus oder Feld abbrennen und die bittere Not anklopfen. Verregnete das Wasser die Ernte, hatten die Bauern Sorge, ob sie mit Tier und Mensch satt durch den Winter kamen. War der Erdboden karg und dadurch wenig fruchtbar, gab es nur geringes Wachstum, und die Ernte war schmal. Blies zu allem Überfluss gar der Sturm die Scheune hinfort, so war das Vieh in Lebensgefahr.

In guten und fruchtbaren Jahren konnten mit den Überschüssen die Häuser und Hütten ausgebaut und mögliche Ernten verkauft werden, um davon wieder Werkzeuge und neues Vieh zu beschaffen. Nach und nach lernten unsere Vorfahren, die Elemente für sich zu bündeln. Sie bauten Gräben und Leitungen, um das Wasser in die Felder und Siedlungen zu bringen. Sie erkannten die Möglichkeiten, Nahrung durch den Einsatz von Feuer zu verändern und schmackhafter zu machen. Sie entwickelten Techniken, das Feuer als Wärmequelle in den Hütten einzusetzen. Den Wind als Antrieb zu nutzen, brachte einen weiteren Auftrieb der Versorgungsmöglichkeiten. Sie lernten, aus Wasser und Lehm eine Masse zu mischen, mit der die Fugen zwischen den Holzstämmen geschlossen werden konnten und mit der die Häuser stabiler wurden und die Wärme besser speichern konnten.

In Zeremonien zeigten die Menschen ihre Dankbarkeit. Sie gaben einen Teil ihrer Ernte an den Geist, der in allem wohnt. Sie wussten, dass nichts selbstverständlich war und es ihnen nur durch die Zusammenarbeit mit den Elementen gut ging. Auch heute werden Zeremonien zur Wertschätzung der Natur und der Elemente abgehalten. In ländlichen Gemeinden werden im Frühjahr die Felder abgeschritten und der Boden mit geweihtem Wasser und Samenkörnern gesegnet. Zum Ende der Ernte werden die letzten Halme des Getreides als Dank an Mutter Erde auf dem Feld gelassen. Nie alles für sich nehmen! Aus Dankbarkeit heraus wird geteilt.

DIE ZEICHEN DER ELEMENTE LESEN

In der Natur findest du überall Zeichen für den Einfluss der Elemente. Schaue dir die Bäume eines Waldes an. Teilt sich der Stamm bereits direkt über dem Boden in zwei oder mehr Stämme, dann suche das Wasser in der Umgebung. Du stehst an einem sogenannten Wasser-Platz. Brennnesseln und Brombeeren am Waldrand oder zwischen einer Baumgruppe zeigen auf, dass der Platz um Ruhe bittet und sich durch die feurige oder stechende Wirkung abgrenzt. An Luft-Plätzen wachsen die Bäume gerade und aufrecht. Dein Blick wird automatisch in die Höhe gelenkt, die Bäume sind schlank mit wenigen Ästen am unteren Stamm, und es zeigen sich oberirdisch kaum Wurzeln. Und wer liebt nicht die Erd-Plätze und ihre Bäume mit knorriger Rinde und moosbewachsenen Wurzeln, in denen sich das Zuhause der Zwerge und Gnome befindet? Sicherlich gibt es aus allem auch Kombinationen. Lenke bei deinem nächsten Besuch im Wald einmal deinen Blick auf diese Erkennungszeichen.

Jedes Element hinterlässt seine Spuren und zeigt sich auf seine ganz eigene Weise, und zusammen tanzen sie den Kreis des Lebens. Für das Sein und Werden wirken alle Naturkräfte gemeinsam und dienen der Schöpfung. Dabei nimmt jedes Element seinen besonderen Platz ein und lässt seine Eigenschaften wirken. Erfahre in den nächsten Kapiteln mehr über jedes einzelne Element.

DIE ELEMENTE IN DIR

Die Elemente stehen dir und allen anderen Wesen sowohl auf der körperlichen als auch auf der geistigen Ebene bei. Jedes Element hat seine ureigene Schwingung, die du in verschiedenen Lebenssituationen hilfreich einsetzen kannst. Die Elemente unterstützen dich mit ihrer ganz eigenen Art und tragen zu deinem Wohlbefinden bei.

Es gibt Zeiten, in denen du körperliche Kraft anstelle von Wortgewandtheit benötigst. Ein anderes Mal ist eine gute emotionale Empfindsamkeit oder eine feurige Dynamik angebracht. Von Geburt an wirken verschiedene Einflüsse auf dich ein und fördern die einzelnen Elemente-Eigenschaften in dir. So werden manche Elemente mehr gestärkt, andere weniger. In den seltensten Fällen sind alle Elemente gleich stark ausgebildet. Das anzustrebende Ziel wäre, alle Elemente in ein ausgewogenes Verhältnis und gleich stark ins Bewusstsein zu bringen. Dann wärest du für jede Lebenssituation gewappnet.

Welches Element zu leben fällt dir leichter, welches schwerer? Durch die Arbeit mit diesem Buch erkennst du die vielen Möglichkeiten, mit den Naturkräften zusammenzuarbeiten. Beobachte dich selbst, und mache dir Notizen. Und dann begib dich auf das Abenteuer, die schwächeren Elemente-Eigenschaften zu stärken. Du wirst sehen: Dein Leben wird ungemein bereichert und dein Mut zum Leben gestärkt.

Die Arbeit mit den Elementen ist eine Entwicklung und nicht in einer Stunde erledigt. Wenn du dich dazu entschließt, nimm dir die Zeit, und lasse dich von deiner Intuition führen. Höre auf deine innere Stimme, denn du vernimmst tief in dir den Ruf des Elements, das mit dir arbeiten möchte.

ERDE

Das Wesen der Erde

Seit Urzeiten gilt Mutter Erde als die Nährende, die für uns sorgt. Ihre weiblichen Aspekte lassen die Pflanzen auf ihr wachsen, Tiere werden geboren und finden ihre Nahrung in den Wäldern und auf den Wiesen. Überall auf der Welt wird ihr dafür von den Menschen Beachtung, Wertschätzung und Dankbarkeit entgegengebracht. In der Nahrung finden wir Lebenskraft, das Lebenselixier für unseren Lebensweg. Das Wesen der Erde liegt im Geben. Durch die Rhythmen, die uns der jahreszeitliche Wandel der Erde auferlegt, sind wir angeleitet, uns den Veränderungen zu stellen. Im Einklang mit diesen natürlichen Gegebenheiten lernen wir, auf uns selbst zu achten und unsere Bedürfnisse wahrzunehmen.

Die Erde ist ein tragendes Wesen. Auf festem Boden lässt sie uns Halt finden für das Leben. Das Erd-Element lehrt uns, in die Stabilität eines gesunden Untergrundes zu vertrauen. Wenn wir beobachten und wahrnehmen, auf welche Pfade wir uns begeben, lernen wir immer mehr, einen sicheren Tritt zu finden. Das Wissen um die Stabilität der Erde schenkt uns das Vertrauen in unseren Lebensweg. Das Erd-Element ist der tragende Bestandteil der Natur, auf dem alles entstehen und wachsen kann. Erde breitet sich immer aus: Ein Haufen losen Sandes, der hoch aufgetürmt wurde, wird immer dem Drang folgen, sich flach auszubreiten. Erde bietet eine breite Basis. Im Bewusstsein des Getragenseins von Mutter Erde können wir handeln und uns als Persönlichkeit entwickeln.

In den Steinen, Bäumen, Blumen, Büschen und Tieren erkennen wir das Leben, auf das alles aufbauen wird. Der Kreislauf des Lebens wird uns offenbart im Erd-Element. Durch das Erkennen der Schöpfung in allem lernen wir das Vertrauen in unsere eigene Göttlichkeit, in unsere eigene Schöpferkraft mit allen Höhen und Tiefen.

Unsere Vorfahren und die Erde

»Versuch macht klug« war für unsere Vorfahren der Weg, die Geschenke der Erde zu erkunden. Eine Vielfalt von Nahrungsmitteln ist seit Urzeiten auf der Erde vorhanden und war es schon lange, bevor der Mensch begann, diese Pflanzen zu verändern und zu kultivieren. Unsere Vorfahren beobachteten, welche Beeren und Wurzeln von den Tieren gegessen wurden. So war die Chance groß, die giftigen von den ungiftigen zu unterscheiden. Durch Beobachten und Probieren fanden sie heraus, welche Pflanzen bei Krankheiten zur Heilung beisteuerten. In unterschiedlichen Regionen wuchsen auch unterschiedliche Pflanzen, und mit der Zeit erkannte man, dass je nach Gegend bestimmte Krankheiten verstärkt vorkamen. In feuchten Gebieten traten andere Krankheiten auf als in trockeneren, und es wuchsen überall zu diesen Krankheiten passende Heilpflanzen. Dieses Heilwissen war wichtig, um das Überleben zu sichern.

Auch heute noch ist dieses Wissen unserer Ahnen präsent. Mutter Erde lässt für jeden die passende Unterstützung wachsen. Schaue dich einmal bewusst in deinem Garten um, oder achte bei einem Spaziergang auf deine Umgebung. Die Pflanzenhelfer, die du benötigst, werden sich zeigen. Erde bedeutet Versorgung und Nahrung für deinen physischen Körper. Ohne die Unterstützung durch das Erd-Element wäre unsere Evolution vielleicht anders verlaufen.

Den ersten Schutz vor der rauen Seite der Natur fanden die Menschen im Bauch von Mutter Erde, in den Höhlen. Gegen Angriffe der Tiere schützten sie sich, indem sie die Eingänge mit Ästen versperrten. Sie legten sich auf Moos, getrocknetes Gras, Farn und Pflanzenbüschel, die weicher als der harte Steinboden waren. Vielleicht zu Beginn ganz unbewusst, nutzten sie die Pflanzenkräfte zur Steigerung der Gesundheit und Erholung. Als die Menschen später lernten, das Feuer zu entzünden und zu hüten, konnten sie sich in ihren Höhlen wärmen. Im Feuer erhitzte Steine speicherten die Wärme auch in langen, kalten Nächten. So arbeiteten die beiden Elemente Erde und Feuer zusammen für das Wohlergehen der Menschen.

Nach und nach lernten die Menschen, aus den natürlich vorhandenen Steinen, dem gesammelten Lehm, dem Moos und den Ästen Schutzwälle zu errichten. Später entdeckten sie, dass mit Wasser, Gräsern und Lehm ein sehr wirkungsvoller Baustoff gemischt werden konnte, aus dem sie Wände und somit Hütten bauen konnten. Mit der Zeit entwickelten die vor uns lebenden Menschen auf der ganzen Welt Methoden, die natürlichen Ressourcen von Mutter Erde für ein bequemeres und beschützteres Leben anzuwenden.

Doch irgendwann kippte das Ganze, weil die Zufriedenheit nicht mehr ausreichte, Bequemlichkeit und Schutz überlagert wurden von dem Wunsch nach Komfort. Die Entwicklung verselbstständigte sich, und die Erde musste immer mehr geben, ohne einen Ausgleich dafür zu erhalten.

Was gehört zum Erd-Element?

Im Folgenden beleuchten wir, was zum Erd-Element gehört. Nutze dieses Wissen für deine persönliche Verbindung mit der Erde. Rufe beispielsweise Naturwesen und Krafttiere an deine Seite, lasse dich von den Erd-Pflanzen zu Orten führen, an denen das Element besonders stark wirkt, oder nimm Erd-Nahrung zu dir, um dein Erd-Element zu stärken. Arbeite mit den Himmelsrichtungen, Farben, Runen und Mineralien, und lasse dich z. B. zu einem Erd-Altar inspirieren. Die Möglichkeiten sind grenzenlos. Wenn du diese Gegenstände und Wesen mit in deinen Alltag nimmst, stärkst du den Einfluss der Erde auf deinen Allgemeinzustand, deine Stabilität und deine Standfestigkeit.

Naturwesen des Erd-Elements

ZWERGE sind die bekanntesten Erd-Geister. Geschickt finden sie Edelsteine und häufen diese Schätze von Mutter Erde an. Sie sind sehr sozial und leben in Familienstrukturen, in denen ein jeder den Nächsten versorgt. Gern arbeiten sie mit Menschen zusammen, wenn sie erkennen, dass deren Wesen zuverlässig und ehrlich ist. Falschheit und Verschlagenheit mögen sie überhaupt nicht und ziehen sich sofort zurück, wenn sie diese Eigenschaften bemerken. Im besten Fall sind Zwerge sehr treue Wesen, die dich immer unterstützen, wenn du mit der Erde arbeiten möchtest. Gern geben sie dir ihre Erfahrungen weiter. Bedingung hierfür ist, dass sie deine Liebe zur Erde erkennen und dass du achtsam mit ihr umgehst. Zwerge haben eine sehr lange Tradition und verfügen über einen uralten Erfahrungsschatz. Wenn sie dich akzeptieren, lassen sie dich möglicherweise an dem Mysterium des Seins und Werdens teilhaben.

GNOME sind die Wesen, die den Schatz der Erde, die Edelsteine und Mineralien, abbauen und diese als Steinmehl hinauf zu den Wurzeln der Pflanzen bringen, um diese zu nähren. Sie leben unter der Erdoberfläche und kommen nur selten ans Tageslicht. Mit ihrer Art können dich Gnome gut dabei unterstützen, deine Schätze aus den tiefsten Tiefen an die Oberfläche zu befördern, damit diese bei Licht betrachtet und bearbeitet werden können. Sie haben den direkten Kontakt zur Lebensenergie aus Mutter Erde und können auch dich an diese Kraft anbinden.

RIESEN sind Hüter eines Gebietes. Dies können ein Wald, ein Hügel oder ein Tal sein. Sie fühlen sich verantwortlich für ihre Region und wohnen in den Bergen und den wilden, rauen Gebieten. Riesen existieren schon seit Urzeiten und tragen damit die Energie des Alten, des Ursprungs in sich. Sie wissen um Ursache und Wirkung, denn sie haben alles erlebt. In den Geschichten werden Riesen meist grobschlächtig und tollpatschig dargestellt. Das liegt daran, dass sie von Menschen meist mit Trollen gleichgesetzt werden. Das ist auf keinen Fall richtig, denn Riesen sind intelligent. Wegen ihrer besonderen Größe bilden sie symbolisch eine Verbindung zwischen dem Himmel und der Erde. Sie erkennen sehr schnell den inneren Kern eines Menschen. Achte deshalb auf dein Denken und Handeln, wenn du dich in Riesen-Gebiet bewegst. Ist ein Riese dir wohlgesonnen, lässt er dich an seinem Wissen teilhaben und wird dir ein guter Berater. Achte aber immer darauf, dass deine Gefühle rein und freundlich sind.

KOBOLDE wohnen überwiegend in Häusern oder zugehörigen Gebäuden. Bekannt sind sie durch den Schabernack, den sie zu ihrer eigenen Belustigung mit Mensch und Tier treiben. Manchmal wirkt das wie ein Geneckt-Werden. In seltenen Fällen, wenn die Kobolde nicht ausreichend anerkannt und mit Leckereien beschwichtigt werden, kann das Ganze aus dem Ruder laufen, und der Schabernack endet in Unfällen wie dem Zerbrechen von Gegenständen. Kobolde gelten als frech und grenzenlos. Ganz oben auf ihrer täglichen Wunschliste steht der Spaß, für den sie immer zu haben sind. Ein Kobold, der im Wald lebt, wird Waldschrat genannt. Auf einem Schiff lebend, wird er Klabautermann genannt und von den Seeleuten gefürchtet für die Geschichten, die er in den Köpfen der Männer entstehen lässt.

HEINZELMÄNNCHEN UND WICHTEL wohnen ebenfalls in Häusern. Mit ihrer gutmütigen Art unterstützen sie die Menschen gern bei der täglichen (Haus-)Arbeit und sorgen dafür, dass sie leicht von der Hand geht. Dazu gehört es auch, dass wir dank ihrer Impulse alte und ermüdende Arbeitsvorgänge durch Umstellung oder Modernisierung verbessern. Dank ihrer freundlichen Art schaffen sie eine harmonische Atmosphäre, in der das Leben Freude bereitet. Heinzelmännchen sind neugierig und freuen sich über positive Veränderungen. Sie werden, wie auch die Wichtel, von unseren Gedanken beeinflusst. Schenken wir ihnen liebevolle Gedanken und sorgen damit dafür, dass sie sich wohlfühlen, so zeigen wir ihnen, dass wir sie und ihre Hilfe schätzen.

TROLLE haben eine grobschlächtige Statur. Sie lieben es, durch die Wälder zu stampfen, und nehmen selten Rücksicht auf das, was ihnen im Weg steht oder liegt. Man trifft sie allein, aber auch in polternden Horden. Durch ihre brachiale Kraft brechen sie festgefahrene Strukturen auf. Stehst du mit dem Gesicht zur Wand und siehst keinen Ausweg, dann findest du Hilfe bei einem Troll. Wenn er dir wohlgesonnen ist, bricht er die Mauer auf, und du erkennst, wie dein Weg weitergehen kann. Doch beachte: Trolle erwarten immer einen materiellen Ausgleich für ihre Unterstützung. Wenn du einem Troll begegnen möchtest, bringe ihm Wein, Tabak und vor allem Fleisch mit. Er genießt das Leben und will dich animieren, ebenfalls deinem Lebensweg zu folgen. Trolle sind am liebsten in der Einöde und nicht als menschenfreundlich bekannt. Aber hat dich ein Troll einmal akzeptiert, unterstützt er dich gern. Es hängt von dir ab.

DER FAUN ist ein Mischwesen, halb Mensch und halb Ziege. Je nach Region wird er auch Satyr oder Pan genannt. Meist erkennt man ihn an seiner Flöte oder Schalmei. Mit seinem Flötenspiel verzaubert er alle Wesen, und seine äußere Schönheit verzückt allein beim Anschauen. So ist es nicht verwunderlich, dass er die Fruchtbarkeit fördert und die sexuelle Lust anregt. Für die Erde hütet er das Korn auf dem Feld und lässt es üppig gedeihen. Faune können dich bei Fruchtbarkeitsritualen unterstützen.

Pflanzen des Erd-Elements

Die Bäume des Erd-Elements zeichnen sich durch einen stabilen, teils starren Wuchs aus. Ganz typisch sind die **EICHE** und die **EIBE**. »Erd-Bäume« erkennst du an kräftigen und knorrigen Wurzeln, die teils oberirdisch sichtbare kleine Höhlen formen, in denen die Naturwesen des Erd-Elements ihre Behausungen finden. Die Rinde der Bäume ist dick und häufig rissig. Sie verfügen über einen kräftigen Stamm und sind im Vergleich mit anderen Bäumen von geringerer Wuchshöhe. Außerdem sind Wurzeln und Krone häufig ähnlich proportioniert. Bei Eichen ist der Wurzelteil beispielsweise genauso groß wie die oberirdische Krone.

Zu den Erd-Pflanzen gehören in erster Linie alle Pflanzen, deren essbarer Teil unter der Erdoberfläche wächst, zum Beispiel **MÖHREN, RADIESCHEN, RÜBEN, KARTOFFELN.** Weiterhin zählen alle Pflanzen zum Erd-Element, die dicke, harte und/oder fleischige Blätter haben und einen eher gedrungenen Wuchs. Dem Erd-Element zugehörige Pflanzen sind leicht zu erkennen anhand ihrer kräftigen und stabilen, teils unbiegsamen Stängel.

Tiere des Erd-Elements

Die Tiere des Erd-Elements sind **VIERFÜSSER.** Diese Beschreibung macht eine Zuordnung einfach. Sie haben Bodenhaftung und verfügen über einen sicheren Stand. Sie gehören zur Gruppe der Säugetiere und leben meist in Rudeln oder Gruppen mit einer klaren Sozialstruktur. Es gibt aber auch Einzelgänger, die sich nur zur Paarungszeit oder zur Jagd zusammenfinden.

Himmelsrichtungen und Farben des Erd-Elements

- im keltisch-germanischen Weltbild *Grün – Norden*
- im angelsächsischen Weltbild *Indigo/Schwarz – Norden*
- im indianischen Weltbild (Lakota-Sioux) *Rot – Süden*

Runen des Erd-Elements

Die Kräfte des Erd-Elements werden gefördert durch die Runen BERKANA, DAGAZ, EHWAZ, EIHWAZ, INGWAZ, JERA, NAUDHIZ, OTHALA und URUZ. Diese Runen stärken den zwischenmenschlichen Zusammenhalt, geben Halt im Zuhause, unterstützen die persönliche Weiterentwicklung und ermöglichen eine stabile Basis.

BERKANA	Neubeginn, Geburt neuer Ideen, Nahrung und Begleitung auf deinem Weg
DAGAZ	Erleuchtung, Seelenerweckung, Kommunikation mit der höchsten Quelle
EHWAZ	gesunde und heilsame Beziehung, Vertrauen in andere Menschen
EIHWAZ	Erneuerung, tiefes Wissen um das Mysterium des Lebens und Sterbens, Kraft zur Erneuerung, Wandel im Lebensplan
INGWAZ	Urvertrauen, Fruchtbarkeit
JERA	natürliche Rhythmen und Zyklen
NAUDHIZ	Veränderungen durch Not, Förderung der Änderungsbereitschaft
OTHALA	Ahnenkraft, Überlieferungen, Traditionen, Erbschaft
URUZ	Erdung, Stabilität

Mineralien des Erd-Elements

Mineralien, die die Wirkung des Erd-Elements unterstützen, wirken erdend. Meist haben sie ein höheres Gewicht und sind ungeschliffen undurchsichtig. Eine Auswahl sind **AMETHYST, PERIDOT, MALA-CHIT, VERSTEINERTES HOLZ, SCHIEFER, PYRIT** und **SCHWARZER TURMALIN.** Dem Erd-Element zugehörig sind aber auch der **MOOS-ACHAT,** in dessen Kristall grünliche Einschlüsse an Moos erinnern, und der **BERNSTEIN,** der aus dem Harz der Bäume entstanden ist.

Chakra des Erd-Elements

Das **ERSTE CHAKRA,** das Wurzel- oder Basis-Chakra, schwingt in der Erd-Energie. Es fördert die stabile Basis, Klarheit im Handeln und kraftvolle, energetische Wurzeln.

Das Erd-Element und DU

Erinnere dich: Du bist ERDE.

SEI GEERDET.
GIB HALT.
NÄHRE.

Deine Füße stehen auf festem Untergrund.
Du bist mit der Erde verwurzelt. Fühle ihre Kraft.
Diese Kraft wirkt auch in dir.

So, wie sie dir Halt gibt,
kannst auch du den Menschen und
Wesen um dich herum Halt geben.

Sorge dafür, dass alles um dich herum genährt wird,
so, wie es Mutter Erde schon immer getan hat.

Versorge dich, versorge die Menschen, Tiere und
Pflanzen an deiner Seite.

Beachte: Du bist Erde.

Das Erd-Element in deinem physischen Körper

Mit jedem Schritt berühren wir Mutter Erde. Unsere Füße tragen uns, ermöglichen uns ein Fortschreiten, unserem Ziel entgegen. So, wie uns Mutter Erde auf sich stehen lässt, so gibt sie unseren Füßen die Kraft, unseren Körper zu halten und fortzubewegen. Wir werden getragen. Das Erd-Element schafft Materie, und wir sind beseelte Materie. Unsere Knochen halten unseren Körper, geben den Organen eine Form, stützen die weiche Masse. Ohne sie wäre unser Körper lediglich ein amorpher Haufen Gewebe. Für uns Menschen erscheinen die Steine starr und unbeweglich, denn sie schwingen so langsam, dass wir ihre Bewegung nur wahrnehmen können, wenn wir uns ganz bewusst darauf einlassen. Diese Verbindung macht uns allerdings langsam und träge in unseren Bewegungen. Verbinden wir uns zu intensiv mit dem Erd-Element, fehlt uns der Antrieb. Wir werden immobil. Dies macht uns starr und verhindert die Weiterentwicklung, und ein Mangel an Bewegung führt meist dazu, dass wir auf der körperlichen Ebene immer mehr Masse erzeugen, sprich dicker werden.

Das Körpersystem der Erd-Typen neigt zur Verschleimung. Es ist deshalb ratsam, auf Nahrungsmittel zurückzugreifen, die ihr entgegenwirken. Das ist z. B. der Honig, der gleichzeitig durch seine goldene, sonnige Farbe die Leichtigkeit ins Leben bringt. Frisches Obst unterstützt dich bei der Entschlackung und regt die Verdauung an, wenn du das Erd-Element zu betont lebst. Wenn dein Erd-Element zu wenig entwickelt ist, unterstützt dich Rohkost bei der Stärkung deines Erd-Typs. Gut vertragen wird alles, was in oder direkt oberhalb der Erde wächst, wie Möhren und Kohlrabi.

Menschen mit einem gut entwickelten Anteil an Erd-Energie sind körperlich belastbar und können körperlich schwere Arbeiten durchführen. Für ihr Wohlbefinden benötigen sie viel Bewegung.

Das Erd-Element und deine Persönlichkeit

Astrologisch betrachtet, zählen die Sternzeichen Steinbock, Stier und Jungfrau zum Erd-Element. Bei Menschen dieser Sternzeichen trifft man häufig ein starkes Erd-Element an, doch auch bei anderen Sternzeichen kann dies vorkommen.

Wir erkennen sie leicht, die Menschen mit einer starken Erd-Energie. Sie sind beharrlich und immer da, wenn man sie braucht. Gleichzeitig sind sie zuverlässig. Meist handeln sie lieber, als lange zu reden. Diskutieren nur um des Diskutierens willen ist für sie selten das Mittel der Wahl. Sie sind klug. Aufgaben betrachten sie kalkulierend und wägen alle Möglichkeiten und Probleme im Vorfeld ab. Risiken einzugehen, gehört nicht zu ihren Lieblings-situationen. Bei neuen Projekten nehmen sie sogar gern die Notizen zu früheren ähnlichen Situationen zur Hand. Dies mag nun ober-flächlich betrachtet negativ klingen. Und doch sind es genau diese Eigenschaften, die Erd-Menschen Informationen bündeln und zur rechten Zeit wieder hervorholen lassen können. Menschen mit kraftvoll entwickelter Erd-Qualität mögen es gern ordentlich. Sie sind Realisten und bevorzugen geordnete Verhältnisse: ein gere-geltes Einkommen, eine stabile Partnerschaft, einen routinierten Tagesablauf. So, wie Mutter Erde Materie erschafft, so fühlen sich Erd-Menschen dazu berufen, etwas mit ihren Händen zu erschaffen. Sie sind in der Regel Gewohnheitsmenschen, die gern auf immer gleichen Pfaden wandeln. Dabei sind sie stabil und kaum aus der Bahn zu werfen.

Erd-Typen haben einen tiefen Schlaf, den sie auch in ausreichender Menge benötigen. Fühlen sich Menschen mit starkem Erd-Element unter Druck gesetzt, reagieren sie leicht trotzig oder bockig. Wie der Stier auf der Weide oder der (sehr intelligente) Esel bewegen sie sich unter Druck nicht einen Millimeter, weder körperlich noch geistig. In der Ruhe finden sie ihre Gelassenheit wieder, kehren zu der ihnen

eigenen Geschwindigkeit zurück und können durch diese Stabilität
die Welt aus den Angeln heben.

Wie der Steinbock sich bei der Flucht zum Schutz in die höchsten
Höhen des Gebirges begibt, so ziehen sich Menschen des Erd-
Elements zurück, um in Ruhe zu taktieren. Das hilft ihnen, kritische
Situationen zu umschiffen. Beachtest du die Qualität deines Erd-
Elements, hast du eine gesunde Basis für alle Projekte, die du auf den
Weg schickst.

Mit einer stabilen Erdung gleichst du ein impulsives Feuer aus. Bei
intensiven Emotionen des Wassers bietet das Erd-Element eine gesunde und heilsame Basis, um die Situationen objektiv zu betrachten
und ausgeglichene Lösungen zu finden. Und verflüchtigt sich dein
Geist in immer höhere Sphären und verliert sogar die Erdanbindung,
so hilft dir das Erd-Element, wieder auf den Boden zu kommen, um
eine ausgeglichene Einheit zu formen.

Rituelle Gegenstände des Erd-Elements

Die hervortretenden Eigenschaften der rituellen Gegenstände des Erd-Elements sind der Schutz sowie die Abgrenzung. Meist werden diese Objekte aus Holz gearbeitet, eine offensichtliche Beziehung zur Erde.

Der Schild

Der Schild ermöglicht Schutz und Abwehr gegen Angriffe mit Hieb- und Stichwaffen und gegen anspringende Tiere. Er muss für das Abblocken kräftiger Schläge stabil sein und wurde ursprünglich aus sehr hartem Holz gefertigt, meist Eiche. Der Schild wurde mit den Insignien der Sippe oder persönlichen Krafttieren und geistigen Begleitern bemalt. Die helfende Energie wurde in den Schild eingearbeitet und stärkte so den Besitzer. Dies wiederum erhöhte die mentale Wirkung des Schildes. Mit der Erforschung der Metallverarbeitung wurde die physische Ebene der Schilde zusätzlich mit Metall verstärkt. Der Schild verlieh seinem Träger das Gefühl von Sicherheit und Abgrenzung – und tut es heute noch. Durch seine bloße Anwesenheit beruhigt er aufgeregte und besorgte Menschen.

In der heutigen Zeit wirst du in den seltensten Fällen einem Angriff mit Hieb- und Stichwaffen ausgesetzt sein. Und um angreifende Tiere abzuwehren, wirst du auch nicht mit einem Schild durch den Wald spazieren, oder? Und doch hat auch in der heutigen Zeit die Anfertigung eines Schildes einen Sinn, denn eine seiner Einsatzmöglichkeiten ist die Abwehr von geistigen Angriffen. Wenn du dich in seiner Nähe aufhältst, wirst du durch seine Energie mental und körperlich gestärkt. Außerdem kannst du bei der Anfertigung deines Schildes die Schutzkräfte deiner geistigen Helfer mit einarbeiten. Mit ihnen baut dein Schild ein Kraftfeld um dich herum auf und stärkt deine Lebensenergie.

Die Anfertigung eines Schildes dauert meist mehrere Tage, Wochen oder Monate. Die Idee will reifen. Überlege dir, welche Eigenschaften dein Schild haben soll. Bitte deine geistigen Begleiter um Hinweise. Welche Form soll er haben? Welches Material formt deinen Schild am besten? Sollen Symbole angebracht werden? Welche Farben kannst du einsetzen? Lasse dich von deiner Intuition führen. Die meiste Zeit wirst du wahrscheinlich für die Ideenphase und Planung benötigen. Achte während der Einstimmung auf Zeichen und Erlebnisse. Diese können Hinweise für deinen Schild sein.

Verbinde dich mental mit dem zu fertigenden Schild. Bitte deine geistigen Helfer um ein Bild, wie der Schild aussehen sollte. Welches Material soll eingesetzt werden, welche Form soll er erhalten? Welche Farben werden deinen Schild zieren, welche Symbole, Zeichen oder Abbildungen von Tieren möchten hinzugefügt werden?

Bitte achte darauf, dich nicht zu überfordern. Gut Ding will Weile haben. Dein Schild wird sich so entwickeln, wie er dich optimal unterstützt. Vergleiche dich auch nicht mit anderen. Du machst den Schild für dich und für niemanden sonst.

Lasse dir beim Besorgen der Materialien Zeit. Du wirst die richtigen Impulse rechtzeitig bekommen. Die Herstellung eines Schildes ist eine heilige Handlung, die dich intensiv mit den Kräften verbindet, die dich unterstützen wollen. Übereile nichts. Für seine endgültige Form mag der Schild Wochen, manchmal vielleicht auch Jahre benötigen. Mit jedem Arbeiten daran lädt sich dein Schild stärker mit der Kraft auf, die du in ihn hineingibst. Achte deshalb auf deine Stimmung, deine Gefühle und deine Gedanken, während du an deinem Schild arbeitest.

Das Salz

Das Salz der Erde gilt traditionell als wertvolle Gabe an die Menschen. Mit seiner Entdeckung war es möglich, Speisen mehr Aroma zu geben. Lange Zeit war Salz ein anerkanntes Zahlungsmittel. So galt das Verstreuen von Salz als Omen für beginnendes Unglück. Salz hat die Eigenschaft, negative Energien aufzunehmen und zu binden.

Stelle eine Schale mit Salz unter dein Bett, damit es negative Energien während deines Schlafes aufnimmt. Die Schale sollte mindestens 1 kg Salz enthalten und mindestens einmal im Monat ausgetauscht werden. Stelle das gebrauchte Salz für eine Nacht in den Schein des Vollmondes und für eine Nacht in die Dunkelheit des Neumondes. Bitte die Mondkräfte um Auflösung der gespeicherten Energien. Nach der Reinigung kannst du das Salz für den nächsten Reinigungszyklus benutzen.

Wenn dir ein Streitgespräch oder eine schwierige Verhandlung bevorsteht, stelle eine kleine Schale mit ca. 250 g Salz auf den Tisch. Schreibe die Namen der Beteiligten auf kleine Zettel (nutze für jeden Namen einen eigenen Zettel), und vergrabe sie in dem Salz. Das Salz nimmt die negativen Schwingungen in sich auf und ermöglicht ein konstruktives Gespräch. Nutze dieses Salz danach auf gar keinen Fall mehr, sondern gib es der Erde zurück. Achte hierbei darauf, dass du es wirklich sehr großflächig verteilst! Zu konzentriert verstreutes Salz hat negative Auswirkungen auf die Bodenbeschaffenheit.

Die Maske

Masken wurden weltweit häufig bei spirituellen Handlungen genutzt, um das Gesicht zu verbergen. Zusätzlich unterstützt eine Maske dabei, in die Rolle einer anderen Wesenheit zu schlüpfen, und lässt den Träger während der Arbeiten mit der Anderswelt unerkannt bleiben. Aus diesem Grund sollte die Maske ein anderes Aussehen haben als das eigene Antlitz.

In früheren Zeiten wurden Masken kunstvoll und ausdrucksstark geschnitzt. Heutzutage haben nur noch wenige die handwerklichen Fähigkeiten oder räumlichen Gegebenheiten, um eine Maske aus Holz zu schnitzen. Alternativ kannst du dir Masken aus Leder, Filz, Lehm oder Ton herstellen. Nutze Materialien, die dich mit dem Erd-Element verbinden. Fühlst du dich handwerklich etwas unsicher, so greife auf vorgefertigte Rohmasken zurück, auf denen du aufbauen kannst. Du erhältst sie in vielen Bastelgeschäften. Dekoriere deine Maske mit Farben, Federn, Perlen. Trage Zeichen auf, die für dich eine besondere Bedeutung haben – nutze z. B. Runenkräfte, um deiner Maske eine persönliche Ausstrahlung zu geben.

Das Pentagramm

Das Pentagramm ist ein uraltes Schutzsymbol. Es ist auch unter den Begriffen »Drudenfuß«, »Drudenstern« oder »Pentalpha« bekannt. Der Stern des Pentagramms hat fünf Ecken. Seine Form erinnert an die Darstellung des vitruvianischen Menschen von Leonardo da Vinci, breitbeinig stehend, mit waagerecht ausgebreiteten Armen. Wird das Pentagramm von einem Kreis umrahmt, wird es »Pentakel« genannt.

Halbierst du einen Apfel der Länge nach, so zeigt das Kerngehäuse ein Pentagramm. Der Apfel ist der Großen Göttin in ihrem Aspekt der Göttin Venus zugeordnet. Somit verbindet dich das Pentagramm mit der Kraft und dem Schutz der Großen Göttin. Sie, die Muttergöttin, nährt uns auf dieselbe Weise, wie uns Mutter Erde versorgt. Das Pentagramm hält den Schutz und die Abgrenzung aufrecht.

Das Pentagramm erdet, denn es fügt alle Elemente zu einer gemeinsamen Basis zusammen. Schon 3000 v. Chr. wurde es für den Schutz und die Stärkung der Gesundheit genutzt. Dem traditionellen Glauben nach bewahrt ein Pentagramm vor bösen Kräften und Dämonen.

Pentagramme können auf vielfältige Art hergestellt werden. Du kannst sie auf einen Träger wie Holz, Stein oder schlicht Papier zeichnen, mit einem Brenngerät auf eine Holzscheibe einbrennen, aus dünnen Ästen flechten oder in Ton ritzen. Du kannst es schlicht halten oder kunstvoll mit Verzierungen versehen. Durch das Zeichnen, Formen oder Herstellen des Pentagramms wird bereits Energie aufgebaut. Fühle, wie sie sich mit jeder Linie verstärkt.

Das Zeichen des Pentagramms entsteht, indem du seine Spitzen mit Linien verbindest, wobei du immer eine überspringst. Das aufbauende, schützende Pentagramm steht auf zwei Füßen mit einer Spitze oben. Ziehe die Linien in folgender Reihenfolge:

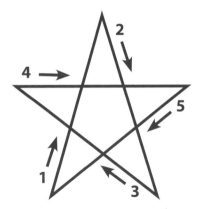

Aktiviere das Pentagramm, indem du die Linien der Reihenfolge nach mit einem Kristall, Messer oder dem Finger nachfährst und abschließend in die Mitte »stichst«. Wie beim Umlegen eines Lichtschalters wird der Energiefluss aktiviert.

Tägliche Übung:
Fokussiere das Erd-Element

Die Verbindung mit dem Erd-Element fördert eine gute und stabile Basis in deinem Leben. In dir entsteht Dankbarkeit für alle materiellen Dinge in deinem Lebensumfeld. Wenn du dein inneres Erd-Element pflegst und förderst, wandelst du sicheren Schrittes.

Baue eine gesunde Erdanbindung auf, indem du dir täglich ein paar Minuten Zeit nimmst, um deinen Stand zu entwickeln. Am wirkungsvollsten ist diese Übung, wenn du sie barfuß und, wenn es dir möglich ist, sogar im Freien durchführst.

Stelle dich aufrecht hin, die Füße etwa schulterbreit auseinander, die Knie leicht gebeugt. Biege dich vorsichtig ein kleines bisschen ins Hohlkreuz. Lasse deine Arme locker hängen.

Beginne nun, tief zu atmen. Werde ruhig. Lasse deine Gedanken einfach kommen und gehen. Sie sind im Moment überflüssig. Gehe mit deiner Aufmerksamkeit in deine Füße. Sei in dir! Jetzt lasse dein ganzes Gewicht in die Füße sinken. Wie schwere Gewichte halten sie dich mit festem Stand auf der Erde. Wenn du magst, kannst du deinen Körper leicht pendeln lassen. Erkenne, welch stabilen Halt du über deine Füße entwickelst. Bleibe ein paar Minuten in dieser tragenden und Halt gebenden Verbindung mit der Erde.

Atme nun deinen Fokus wieder in deinen Oberkörper zurück, und verteile die Energie in deinem gesamten Körper. Du bist leicht und wendig und in der Lage, sicheren Schrittes deinen Weg zu gehen.

Ritual zur Anrufung des Erd-Elements

Um deine Gedanken und Gefühle mit der Schwingung des Erd-Elements zu verbinden, kannst du dir einen oder mehrere der vorgestellten rituellen Gegenstände fertigen. Sie wirken wie Bindeglieder zum Erd-Element. Das folgende Ritual ist eine schöne Möglichkeit, deine Ritualgegenstände zu weihen. Nimm dir die Zeit, und fertige sie in der Vorbereitungsphase an. Sieh diese Herstellung bereits als Teil des Rituals an. So kann es mit einer über mehrere Tage oder Wochen dauernden Vorbereitung beginnen, bis du zum Höhepunkt alles zusammenfügst.

Wir empfehlen dir, einen Altar zu errichten. Damit ist ein ausgewählter Platz gemeint, den du durch deine Handlung besonders mit dem Erd-Element verbindest. Mit diesem Altar ehrst du das Wesen der Erde und deren Naturwesen. Erdige Naturmaterialien unterstützen deine Arbeit. Sammle sie am besten in Wald und Flur. Bitte nimm nur Dinge mit, die dir die Natur freiwillig gibt. Dies bedeutet, dass du keine Äste abbrichst, sondern dich dahin führen lässt, wo du die für dich bestimmten Gegenstände findest. Samen, Gräser, Blätter, Zapfen von Nadelbäumen, Moose, Mineralien, Steine, Kräuter, Getreide und Harze eignen sich besonders gut, um die Erd-Kraft auszudrücken.

Lasse dich zu einem geeigneten Platz für deinen Segensaltar der Erde führen. Möglicherweise liegt er mitten in der Natur, weit entfernt von deinem Zuhause. Ebenso kann er in deinem Wohnzimmer oder im Schlafzimmer seinen Platz finden wollen. Der Altar muss keine großen Ausmaße haben. Ein Tablett,

Holzbrett oder ein größerer Stein reicht bereits aus, um eine schöne Naturcollage zu formen. Die repräsentierenden Farben für das Erd-Element sind alle Nuancen von Grün, Braun, Ocker und Grau. Als Altarbasis kann Moos, Sand oder ein Tuch aus Rupfen, Sackleinen oder Baumwolle dienen ebenso wie alle erdigen Materialien, auf denen du etwas platzieren kannst. Sobald du so weit bist und den Altar errichten möchtest, lege alle Materialien in deine Nähe.

Dieses Ritual ist ein Beispiel für die Arbeit mit dem Erd-Element. Du kannst es jederzeit wiederholen, abändern und weiterentwickeln, ganz nach deinem Empfinden.

DU BENÖTIGST:

- deine Altarrequisiten
- Zettel und Stift
- eine Schere
- evtl. eine Schaufel, um ein mindestens faustgroßes Loch zu graben
- einen Blumentopf gefüllt mit Erde (nur wenn du das Ritual drinnen durchführst)
- Räucherwerk (z. B. Weihrauch, Beifuß, Kiefernharz), Räuchergefäß, Räucherkohle und Räucherfeder
- ein paar wenige Haare von dir
- etwas Likör und Kekse für die Naturwesen der Erde
- deine rituellen Gegenstände (falls bereits gefertigt)

Vorbereitung

In diesem Ritual verbindest du dich tief mit der Erde und kannst ...
- sie für dich und andere Menschen um Halt und Stütze bitten,
- sie dir Stabilität schenken lassen, wenn du dich instabil fühlst,
- sie um einen klaren Standpunkt ersuchen, wenn dir die Bodenständigkeit fehlt,
- sie um Klarheit bitten, wenn du etwas manifestieren möchtest,
- die Erd-Energie in dir stärken.

Die Arbeit mit dem Erd-Element festigt deine Basis. Deine Bodenständigkeit und Standfestigkeit entwickeln sich immer mehr, und du kommst in Balance mit den Themen »Geld« und »Nahrung«. Mache dir im Vorfeld bewusst, um was du das Erd-Element bitten möchtest.

Durchführung des Rituals

Gehe zu der Stelle, an der du deinen Erd-Altar errichten möchtest. Dies kann draußen in der Natur sein, aber auch an einer besonders schönen Stelle in deinem Zuhause. Setze dich vor die Stelle, und komme innerlich zur Ruhe. Erinnere dich, wofür du diesen Altar errichten möchtest. Jetzt lasse dich führen, wähle den Untergrund, und dekoriere ihn nach deinem Gutdünken. Füge nach und nach Gegenstände hinzu, die dir für die Wertschätzung des Erd-Elements angemessen erscheinen. Fühle nach jeder Ergänzung, wie sich deine »Collage« anfühlt. Ändere, was sich doch nicht stimmig anfühlt. Lege so lange weitere Dinge hinzu, bis sich dieser Altar für dich fertig und vollständig anfühlt. Lege die Geschenke an die Naturwesen mit auf den Altar.

Entzünde das Räucherwerk, und segne damit den Platz rund um deinen Altar. Lasse deine Liebe und Anerkennung für das Erd-Element und alles, was damit verbunden ist, in die Erde/den Boden fließen. Wisse, du beschenkst jetzt die Kraft der Erde mit deiner Wertschätzung. Räuchere auch deine rituellen Gegenstände.

Falls du aufgestanden bist, setze dich jetzt wieder vor den Altar. Überlege, um was du Mutter Erde bitten willst. Wähle deine Worte mit Bedacht. Du hast einen heiligen Raum errichtet, der starke Veränderungen ermöglicht. Schreibe deine Bitte auf den Zettel. Schneide ihn anschließend in möglichst kleine Schnipsel. Achte darauf, dass alle zusammenbleiben. Nimm dir Zeit, diese Stimmung in dich aufzunehmen, und spüre, wie die Kräfte von Mutter Erde sich formieren, um sich deiner Wünsche anzunehmen.

Grabe nun ein kleines Loch in die Erde, groß genug, um deine Schnipsel aufzunehmen. Alle Schnipsel gehören dort hinein. Achte darauf, dass keiner verloren geht. Gib jetzt deine Haare hinzu als sehr persönliches Geschenk von dir. Bitte die Kraft der Erde um Erfüllung deiner Bitte, und verschließe das Loch wieder.

Jetzt ist ein guter Zeitpunkt, deine rituellen Gegenstände zu weihen. Wenn du mehr als einen Gegenstand weihen möchtest, führe das Folgende für jeden Gegenstand einzeln durch:

Reibe den Gegenstand mit etwas Erde ein. Fühle, wie ihre Kraft den Gegenstand berührt und energetisch in ihn eindringt. Lege den Gegenstand vor dir auf die Erde/den Boden. Atme dreimal tief ein und aus, sammle deine Gedanken, und sei dir bewusst, dass du dich nun intensiv mit der Kraft der Erde verbindest. Bewege den Gegenstand dreimal ruhig zum Herzen und wieder zur Erde/zum Boden. Sprich dabei: »Ich knüpfe die Verbindung zwischen meinem Herzen und der Erde. Möge diese Verbindung stark und hilfreich sein.«

Bleibe noch eine Weile an deinem Altar sitzen. Halte den Gegenstand in deinen Händen, und spüre dem Gefühl nach. Fühle die Dankbarkeit und die Liebe der Erde und der mit ihr verbundenen Wesenheiten. Freue dich über eure Verbindung. Die Erde schwingt in deinen Zellen. Wisse, du bist eins mit dem Erd-Element.

Dein Altar bleibt so lange dein persönlicher Platz für das Erd-Element, wie er besteht. Du kannst jederzeit zu ihm gehen und mit der Erde kommunizieren. Ist dein Altar in deinen Wohnräumen errichtet, bestimmst du selbst, wie lange er bestehen soll. Wenn du deinen Erd-Altar abräumen möchtest, entlasse jeden der eingesetzten Gegenstände von seiner Aufgabe, indem du ihn mit einer Reinigungsräucherung klärst und damit freigibst. Naturmaterialien kannst du wieder in die Natur zurückbringen.

FEUER

Das Wesen des Feuers

Der Raum ist erfüllt von Kerzenschein, Licht, Wärme, Magie. Es duftet nach heißem, anregendem Tee. Die Füße sind behaglich warm ...

Feuer – welch eine Errungenschaft, welch ein Sieg ist die Domestizierung des Feuers durch unsere Vorfahren! Sie war vermutlich einer der wichtigsten Schritte in unserer Evolution.

Feuer ist mehr als Wärme, ist mehr als ein Symbol für behagliche Geborgenheit. Feuer ist, wie alle Elemente in ihrer reinsten Form, sehr mächtig. Explosion und Ausdehnung sind männliche Aspekte des Feuers und der Feuer-Energie. Diese Eigenschaften waren mitverantwortlich für den Urknall, die Geburt des Kosmos und unseres Sonnensystems. Unsere Sonne ist pure Feuer-Energie, ohne die es keinerlei Leben auf diesem Planeten gäbe. Ohne Licht könnten Pflanzen keine Fotosynthese betreiben und damit die Atmosphäre beeinflussen. Ohne Feuer-Energie wäre unser Planet eine Eiswüste, mit zu viel Feuer wäre er ebenfalls (für uns) unbewohnbar.

Feuer steht also für Kraft, Stärke, Reinigung, Transformation, Mut, Bewegung, Aktion, ebenso aber auch symbolisch für die Antriebskraft in Maschinen und Motoren sowie die Elektrizität. Feuer strebt immer nach oben. Die Flammen züngeln zwar nach links und rechts, doch erheben sich die Feuerzungen immer Richtung Himmel. In seinem Prozess der Wandlung strebt Feuer dem Wachstum in höhere Ebenen zu.

Feuer ist transformierend, reinigend, neu strukturierend. Wer kennt nicht die Worte »zu Asche zerfallen« oder »wie Phönix aus der Asche«? Feuer zerstört die alten Strukturen, verbrennt das Brenngut bis auf die molekulare Ebene und lässt nur kleinste Partikel zurück – die Asche, die immer auch Roh- und Baumaterial für Neues ist. Diese transformierende Eigenschaft ist neben dem Licht und der Wärme eine der herausragenden Eigenschaften des Feuer-Elements. All das, was gehen darf, wird gereinigt und geläutert im Feuer. All das, was besonders stabil und wertvoll ist, hat einen hohen Brennpunkt und wird durch das Feuer noch gestählt. Neue wertvolle Gegenstände, Gewohnheiten, Freundschaften und alles, was wichtig ist, können durch eine Feuerweihe gereinigt und geweiht werden, z. B. im Zusammenspiel mit der Luft in einer Räucherung.

Feuer symbolisiert aber auch unbändige Zerstörung, rohe Naturgewalt, Übermaß und Überfluss an Energie. Die Signalfarben des Feuers Rot, Orange, Gelb sind uns Warnhinweis und wirken zugleich lockend und faszinierend. Die weithin sichtbaren Signalfarben macht man sich seit Jahrtausenden zu Diensten. In grauer Vorzeit eher zur Abschreckung von wilden Tieren gedacht, wurden Lagerfeuer im Laufe der Zeit immer öfter zum Signalfeuer. Angezündet auf den Bergen, konnten mit ihnen schon bald Nachrichten, Warnungen und Hinweise ausgetauscht und weitergereicht werden. Auch die Rauchzeichen dienten diesem Zweck. Heutzutage sind noch Überreste dieser traditionellen Verwendung in Form von Osterfeuern, Feuerrädern und Signalfeuern für Schiffe zu finden. Die modernen Leuchttürme sind die heutigen Zeitzeugen dieser Nachrichtenübermittlung. Sprichwörtlich sagt man heute: »beleuchten«, »ins rechte Licht rücken«, »Fackel der Wahrheit«.

Das Feuer und die anderen Elemente

Im großen Gefüge unserer Evolution ist Feuer nicht ohne die anderen Elemente zu betrachten.

Die Luft ist ein sehr aktiver Partner des Feuers und facht es extrem an. Wie bei allem kommt es auf das rechte Maß und das Zusammenspiel an. Die Luft mit ihrem Sauerstoff belebt das Feuer, kann mit einem Orkan eine Feuersbrunst nähren, die ganze Wälder, Wiesen und Dörfer niedermäht. Ist das Feuer klein und schwach, kann eine Brise es vernichten. Ohne die Luft fehlt dem Feuer der Sauerstoff, der es am Leben hält, und es kann nicht brennen.

Wasser ist ebenfalls beteiligt am Feuer-Prozess. Etwas Wasser kann das Feuer in Schach halten. Es kühlt dieses ab, bremst es, reguliert es. Wasser entzieht dem Feuer das brennbare Material, denn durchnässt ist etwas nur schwer entflammbar. Feuer wiederum erhitzt das Wasser.

Feuer und Erde sind untrennbar verbunden. Die Erde trägt das Feuer, gibt ihm Fläche, behütet es durch Wälle und Wände, kann es aber auch mit seinem Erdmantel ersticken, indem es das Feuer von der Luft separiert. Das Innere unseres Planeten ist reinste Feuer-Energie, im wahrsten Sinne des Wortes gedeckelt durch eine erkaltete Gesteinskruste. So, wie unser Herz in uns schlägt und uns Lebensenergie liefert, so ist der heiße Erdkern verantwortlich für die Geothermie und den fruchtbaren Erdboden. Die Wärme erst macht Mutter Erde so erlebenswert. Wir alle werden hin und wieder an den wilden, eruptiven, männlichen Part des Feuers erinnert, wenn es im Untergrund rumpelt, die Erde bebt und die tektonischen Platten sich verschieben. Wir alle kennen den Ätna, den Vesuv oder erinnern uns an den Ausbruch des Vulkans Eyjafjallajökull auf Island, der vor einigen Jahren den Flugverkehr durch den massiven Ausstoß von Rauch- und Aschewolken zum Erliegen brachte.

Nicht zu vergessen ist der Äther, der den Raum bereitstellt, den das Feuer benötigt, um brennen zu können.

So gilt für das Feuer: Nur im Zusammenspiel der Elemente findet es Ausdruck im Physischen.

Was gehört zum Feuer-Element?

Im Folgenden beleuchten wir, was zum Feuer-Element gehört. Nutze dieses Wissen für deine persönliche Verbindung mit dem Feuer. Rufe beispielsweise Naturwesen und Krafttiere an deine Seite, lasse dich von den Feuer-Pflanzen zu Orten führen, an denen das Element besonders stark wirkt, oder nimm Feuer-Nahrung zu dir, um dein Feuer-Element zu stärken. Arbeite mit den Himmelsrichtungen, Farben, Runen und Mineralien, und lasse dich z. B. zu einem Feuer-Altar inspirieren. Die Möglichkeiten sind grenzenlos. Mit einem gestärkten Feuer-Element verfügst du über ausreichend Mobilität und Dynamik für deine täglichen Arbeiten und bist offen für Veränderungen.

Naturwesen des Feuer-Elements

FEUERDRACHEN sind sehr kraftvolle, mystische Wesen. Die Feuer speienden Riesen sind ehrenwerte Hüter der Flammen und der alten Traditionen. Sie leben in Höhlen hoch im Gebirge. Von Geburt an ist ihr Weg der des Dienens, sie sind sich ihrer Aufgabe stets bewusst. Drachen sind höhere Energiewesen, und sie sind ihrem Seelenpartner über alle Inkarnationen hinweg treu. Sie akzeptieren nur Drachenreiter und menschliche Gefährten, die absolut klaren Verstandes und reinen Herzens sind. Die Drachen zeigen sich ihren Menschen, sobald diese bereit sind, mit ihnen zu arbeiten. Es kommt auch vor, dass dem Menschen ein persönliches Drachenei übergeben wird und der Drache in seiner Obhut aufwächst. Es ist nur auf den ersten Blick erstaunlich, dass sich diese mächtigen Wesen ihrem Reiter anvertrauen, denn diese Verbindung ist karmischen Ursprungs. Stirbt der Drachenreiter, sind auch die physischen Tage seines Drachen in der Jetztzeit gezählt. Er zieht sich wieder hinter die Schleier in die Unsichtbarkeit zurück. Dort verweilt er so lange, bis er den Ruf eines neuen Drachenreiters fühlt, der für die Zusammenarbeit geeignet und bereit ist. Drachen sind angebunden an das kosmische

Gedächtnis unserer Galaxie und beobachten und regulieren das Gleichgewicht der Kräfte. Der Gerechtigkeitssinn des Feuerdrachen entspricht der Inbrunst, mit der er in den Kampf zieht, um Ungleichgewicht und Ungerechtigkeit auszumerzen. Seine Energien sind eher männlich, auch wenn es gleichwohl weibliche Feuerdrachen gibt. Mit seinem Feueratem verbrennt der Drache, was gehen darf, was transformiert werden muss, um so dem höheren Zweck zu dienen. Er brennt für seine Aufgabe. Wenn der Feuerdrache sich zeigt, ist klare Aktion angesagt. Nichts ist so alt wie die Drachen auf dieser Erde, aber nichts treibt auch den Wandel so voran wie sie.

DER PHÖNIX ist ein Wesen des Feuers, und er wird auch Feuervogel genannt. Seine Energien sind im Gegensatz zu denen des Feuerdrachen weiblich, wobei Phönixe beider Geschlechter existieren. Er ist das Wesen schlechthin, das für Transformation steht. Er brennt, verbrennt, zerfällt zu Asche und entsteht neu aus ihr. Er verkörpert nicht nur eine Änderung, sondern den vollkommenen Zyklus von Geburt, Leben, Tod und Wiedergeburt. Das betrifft sowohl die physische als auch im übertragenen Sinne die mentale und emotionale Komponente. Der Feuervogel ist ein strahlender, schöner Vogel, der sich gern präsentiert und in seinem Glanz sonnt, denn ihm ist bewusst, wie vergänglich das Leben ist. Er ist uns Beispiel und mahnt uns, jederzeit die beste Version unser selbst zu sein. Wenn der Phönix erscheint, sind wir aufgefordert, Anteile unseres Ichs sterben zu lassen, die einem Neuanfang im Weg stehen. Ja, es muss etwas sterben, damit aus der Asche die Neugeburt möglich ist.

Pflanzen des Feuer-Elements

Die Pflanzen des Feuer-Elements zeigen uns ihr feuriges Wesen
auf verschiedene Arten. Zu diesen Pflanzen gehören z. B. **BRENN-
NESSELN, DISTELN, BROMBEEREN, ROSEN, KAKTEEN** und alle
anderen Pflanzen, die bei Berührung unsere Haut »verbrennen«,
sie reizen und unser warmes Blut zum Vorschein bringen. Eng
beieinander stehende Feuer-Pflanzen wirken wie eine schützende
Feuerwand, die uns den Zutritt oder den Durchlass verwehrt. Ihre
Wuchsform ist eher niedrig und/oder buschig. Einige Feuer-Pflanzen
sind sehr genügsam und brauchen wenig Wasser, aber ohne Wärme
und Licht kommen auch sie nicht aus. Allen gemeinsam ist eine hohe
Attraktivität der Blüten und Fruchtstände, die durch die natürlichen
Abwehrmechanismen geschützt werden.

ZUNDERSCHWAMM und BÄRLAPP sind weitere Feuer-Pflanzen. Die Natur stellt uns immer auch Heilmittel zur Verfügung für alle Verletzungen, die andere Pflanzen herbeiführen. So kann der Zunderschwamm sehr vielfältig verwendet werden – man sagt ihm antivirale, antibakterielle, wundheilfördernde und entzündungshemmende Eigenschaften nach, gut bei allen Verletzungen, die Feuer-Pflanzen aus der ersten Kategorie hervorrufen können. Der Zunderschwamm ist ein Vitalpilz, der hauptsächlich an geschwächten Buchen und Birken wächst. Herausragend ist seine Eigenschaft, sehr leicht entzündbar zu sein, was schon unsere Vorfahren nutzten. Auch die Gattung der Bärlappe ist sehr vielseitig anwendbar. Seine Sporen werden von Feuerspuckern verwendet, um Feuereffekte gefahrlos zu demonstrieren und eine Explosion herbeizuführen ähnlich einer Mehlstaubexplosion. Bärlappe sind seit Tausenden von Jahren auf der Erde vertreten. Die Schamanen der Naturvölker fanden heraus, dass der Rauch, der bei der Verbrennung der Pflanze entsteht, gegen Augenleiden hilfreich sein soll, heutzutage ist Bärlapp in Augensalben gegen Entzündungen enthalten. Verwendung gibt es auch bei anderen Krankheiten wie Gicht und Rheuma.

Tiere des Feuer-Elements

Wie die Pflanzenwesen zeichnen sich auch die Tiere des Feuer-Elements dadurch aus, dass sie bei Berührung unserer Haut Verbrennungen, Hautreizungen oder Vergiftungen hervorrufen können. SALAMANDER, KROKODILE, ECHSEN, AMPHIBIEN, REPTILIEN und auch QUALLEN zählen zu den feurigen Tieren.

Himmelsrichtungen und Farben des Feuer-Elements

- im keltisch-germanischen Weltbild   *Rot – Süden*
- im angelsächsischen Weltbild   *Rot – Süden*
- im indianischen Weltbild (Lakota-Sioux)   *Gelb – Osten*

Runen des Feuer-Elements

Die Kräfte des Feuer-Elements werden repräsentiert durch die Runen EIHWAZ, FEHU, KENAZ, NAUDHIZ und THURISAZ. Sie stehen für die Transformationsenergie, den Antrieb und die Fruchtbarkeit, die gemeinsam die stärksten Attribute des Feuer-Elements sind. Sie zeigen dir, auf welche Weise du dir Unterstützung für deine Vorhaben erhoffen darfst.

EIHWAZ	Erneuerung, tiefes Wissen um das Mysterium des Lebens und Sterbens, Kraft zur Erneuerung, Wandel im Lebensplan
FEHU	Fülle, Vollendung, Antrieb in festgefahrenen Strukturen, um Stagnation zu überwinden und zum Ergebnis zu führen
KENAZ	Fackel, inneres Feuer, (sexuelle) Energie, Erleuchtung, Wandlung von Negativem in Positives
NAUDHIZ	Veränderungen durch Not, Förderung der Änderungsbereitschaft
THURISAZ	unbegrenzte Energie, Chaos, Wandlungsimpuls, Energie will gelenkt und zum Wohle eingesetzt werden

Mineralien des Feuer-Elements

Zu den Feuer-Kristallen gehören alle Mineralien, die entweder durch
Einfluss des Feuers entstanden sind oder wärmend wirken. Dazu
gehören u. a. **GRANAT, RUBIN, FEUERACHAT, BLUTJASPIS, BERYLL,
FEUERSTEIN, »HÜHNERGÖTTER«** (Steine, die ein natürlich ent-
standenes Loch haben), **GOLDFLUSS** und **CITRIN.**

Chakra des Feuer-Elements

Das **DRITTE CHAKRA** ist das Solarplexus-Chakra. Es schwingt in der
Feuer-Energie, fördert die Verdauung und steuert unsere Gefühle.

Das Feuer-Element und DU

ERINNERE DICH: DU BIST FEUER.

WÄRME,
WANDLE,
LEUCHTE.

Du bist die Wandlung, die Transformation.
Du bist das Licht in der Dunkelheit.

Du bist die Heimstatt,
um die herum andere sich sammeln und ausruhen.

Du bist die Feuerwalze, die alles niederbrennt,
um Platz zu schaffen für das Neue.
Du bringst die Transformation, du wandelst von hart zu weich.
Du schmilzt das Eis.

Du bist wärmend und bietest Schutz vor der Kälte.

Du bist vernichtend.
Du bist fordernd.
Du bist sanft.

BEACHTE: DU BIST FEUER.

Das Feuer-Element in deinem physischen Körper

Unser Leben ist geprägt vom Feuer-Element. Schon bei der Geburt heißt es: »Wir erblicken das Licht der Welt.« Das Feuer der Sonne prägt unseren Tagesrhythmus, bestimmt den Wechsel von Tag und Nacht und ebenso den der Jahreszeiten. Die Sonnenstrahlen lassen uns aktiv werden, erwärmen unseren Körper. Das Licht hat eine stimulierende Wirkung auf unsere Organe und Hormone und damit direkt auf unsere Gefühle und Emotionen. Das Feuer-Element ist Bestandteil von Motoren, Heizungen, Autos – Brennstoffe sorgen also für Behaglichkeit und Wärme für unseren Körper, aber ermöglichen auch sehr viele Arten der Fortbewegung neben unserer eigenen zu Fuß.

Im menschlichen Körper ist das Feuer-Element dem Nabelbereich zugeordnet. Die Körperwärme selbst wird über das Herz und über die gesamte Blutlaufbahn im Organismus reguliert. Wir werden auf diese Weise mit dem Elixier des Lebens versorgt, einer Energie, die uns innerlich wärmt, alle Organe und Muskeln erreicht und damit Bewegung und Aktion ermöglicht. Im Kleinsten sind es die Mitochondrien, Minikraftwerke, die unsere Zellen versorgen.

Das Feuer-Element unterstützt auch die Verdauungsprozesse, sowohl auf der körperlichen als auch auf der geistigen Ebene, und hilft uns, neue Erfahrungen in unser System zu integrieren. Bei der physischen Umwandlung transformiert das Feuer unsere Nahrung und verwandelt dessen Energie in Lebens- und Vitalenergie. Grundsätzlich hat der Mensch mit einem gut ausgeprägten Feuer-Element einen angeregten Stoffwechsel, was in der Überreaktion auch zu Sodbrennen, Magenreizungen und brennenden Hämorrhoiden führen kann. Daher ist es wichtig, sich ausgewogen zu ernähren und die Hitze des Feuer-Elements in harmonischer Weise zu fördern. Gut wirken Rohkost und Obst sowie Vollkornprodukte zur Unterstützung der Verdauung. Sinnvoll ist auch eine kühlende Obstkur. Feuer-Typen bevorzugen intuitiv bitteren und herben Geschmack, da beides einer Entzündung entgegenwirkt. Bitter wirken z. B. Löwenzahn, Rhabarber, Bockshornklee. Als herb gelten z. B. Blumenkohl, Kohlrabi, Kartoffeln. Ein zusätzlicher Schuss Süße rundet eine gesunde Feuer-Nahrung ab. Dafür eignen sich z. B. Süßungsmittel wie Sirup oder angedickter Fruchtsaft, da diese das Temperament beruhigen. Gerade im Sommer sollte der Feuer-Typ scharfe Gewürze eher mäßig zu sich nehmen.

Feuer-Typen erkennt man oft an einer rosigen Haut bis hin zu einem roten Kopf. Sehr oft sind auch Bluthochdruck und andere stressbedingte Auswirkungen zu erkennen, denn Feuer-Typen stehen ständig unter Strom. Oft leiden diese Menschen z. B. an Hautreizungen und/oder Allergien, oder ihre Haut weist Muttermale und Flecken auf. Nicht zu vergessen sind die roten Haare als Zeichen der Feuer-Energie.

Das Feuer-Element und deine Persönlichkeit

Astrologisch betrachtet, zählen die Sternzeichen Widder, Löwe und Schütze zum Feuer-Element. Menschen mit diesen Sternzeichen haben häufig ein sehr feuriges Temperament. Feuer als Charakter beeinflussende Eigenschaft findet sich aber auch bei Menschen anderer Sternzeichen.

Das repräsentierende Element zeigt sich nicht nur im Äußeren, sondern prägt auch die männlichen Persönlichkeitsanteile teilweise sehr deutlich. Feuer steht für Aktion, Impulsivität, Handlungskraft, Aktion. Feuer-Menschen sind oft »Cheftypen«, leicht cholerisch, herrschsüchtig, bockig, draufgängerisch. Oft sind sie auch Workaholics, die gern einmal die Warnsignale ihres Körpers überhören und trotzdem weitermachen, bis sie sich auf der körperlichen Ebene überfordern. Das wirkt sich bei Dauerstress sehr übel aus. Durch dieses Verhalten laufen diese Menschen Gefahr, auszubrennen. Von diesem Typ hört man oft Worte wie: »Ich brenne für diesen Job«, »Ich habe brennendes Interesse«, »Er ist ein leuchtendes Beispiel«.

Feuer-Typen vertragen Wärme, die von außen kommt, gut, und verreisen gern in die wärmeren Länder. Feuer schenkt Kreativität, Begeisterung und Tatendrang.

Auch die weiblichen Aspekte sind bei Feuer-Typen leicht zu erkennen. Hier geht es um das innere Feuer, das Feuer auf der emotionalen Ebene: Fürsorglichkeit, Liebe, (Nest-)Wärme. Feuer-Typen mit weiblichem Aspekt sind oft karitativ eingestellt, bringen aufbauende Wärme in Beziehungen, heilende, erwärmende Gedanken in Gefühlschaos und Einsamkeit. Dieses innere Feuer ist für andere nicht immer sichtbar, aber sehr feinfühlige Menschen nehmen es als Leuchten wahr. Dieses Feuer sorgt, solange es besteht, dafür, dass uns unser Lebensfunke weiterträgt. Das innere Feuer eines Feuer-Typen wirkt ansteckend auf Menschen, die aus Energielosigkeit heraus nicht mehr gewillt oder in der Lage sind, freudig am Leben teilzunehmen. Sprichwörtlich sagen wir daher auch »das Lebenslicht weitergeben«.

Rituelle Gegenstände des Feuer-Elements

Die beiden vorherrschenden Eigenschaften des Feuers bestimmen wie von selbst die magisch-rituellen Gegenstände, die wir diesem Element zuordnen. Transformation, Wandlung und Neubeginn werden durch die Feuerschale repräsentiert, deren Form gleichzeitig an die weibliche sexuelle Energie erinnert. Den männlichen Gegenpart bildet der Kraftstab, der magische, richtungsweisende Begleiter. Er dient als Anker für die unbändige Kraft, die seinem Träger zur Verfügung stehen kann. Dafür sollte der Stabträger bereit sein, diese zu lenken und sich gleichzeitig durch sie lenken zu lassen.

Der Kraftstab

Wer kennt nicht das Bild von Zauberern und Druiden, die einen mannshohen Stab bei sich tragen? Dieser magische Kraftstab ist meist im unteren Bereich gerade gewachsen, weil er auch gern ganz handfest und profan als Unterstützung bei der Fortbewegung genutzt wird. Im mittleren Bereich ist für die Führhand oft eine Art Markierung oder Griffhilfe vorhanden. Dieser Abschnitt kann individuell gestaltet sein, z. B. durch Schnitzereien, Bänder oder Felle. Andere Stäbe haben an dieser Stelle eine Astgabelung, eine Baumperle (Verwachsung) oder sind verdreht wie ein Korkenzieher. Nach oben hin wird der Stab dicker, sehr oft ist er im obersten Bereich gegabelt. Besonders im oberen Drittel finden sich reichhaltige Verzierungen mit Naturmaterialien und als Abschluss ein Kraftstein, oft ein Bergkristall. Der Kristall hilft bei der Anrufung, beim Richten und Lenken der Kräfte. Die vielen Verzierungen haben für den Stabträger symbolischen Charakter und erinnern ihn an die unterstützenden Kräfte an seiner Seite.

Grundsätzlich gibt es zwei Arten von Kraftstäben: ganz persönliche Lebenskraftstäbe und solche, die aufgrund ihrer Eigenschaften zweck- oder situationsgebunden eingesetzt werden. Alle Stäbe sind Anker und Antennen, um die enormen Naturkräfte zu zentrieren und zu lenken. Diese Kräfte werden (ein-)gesammelt, gebündelt und stellen sich dem Träger zur Verfügung. Der Fokus, die Intention, bestimmt die Richtung, in die diese Kräfte gelenkt werden, oder gibt vor, welches Potenzial erhöht wird.

Wie immer gilt, dass die Magie nicht im Gegenstand steckt, sondern dass ihre Quelle im Träger des Stabes liegt. Ein Druide oder Zauberer wird nicht durch den Stab zum Zauberkundigen, aber der Stab ist der beste Assistent, den er bekommen kann, wenn er Wandlung und Transformation verstärken möchte. Der Stab symbolisiert die Macht, das Durchsetzungsvermögen, die Aktion und die Bewegung sowie die auf das Ergebnis ausgerichtete Durchsetzungskraft des Trägers. Auch heute noch gibt es viele Stabträger.

Ein Kraftstab unterstützt dich bei deinen Ritualen, die Aufmerksamkeit auf deine Pläne ausgerichtet zu halten. Über den Stab bist du mit den lichtvollen Kräften verbunden und erhältst die benötigte reine Energie aus der höchsten Quelle. Mit deinem Stab kannst du Kräfte zentrieren und lenken, aber auch Schutzkreise erschaffen, in deren heiligem Raum du geschützt agieren kannst. Dazu ziehst du ihn im Uhrzeigersinn um mindestens 360 Grad um dich herum. Intuitiv werden mit dem Stab Kraft, Macht, Fülle und Transformation verbunden – er ist zu einem greifbaren Symbol all dieser Eigenschaften geworden. Die ständige Benutzung lädt den Stab mit all diesen Aspekten auf, ähnlich wie durch das Rezitieren eines Mantras. Mit einem so aufgeladenen Stab fällt dir die magische Arbeit leicht, denn du nutzt das, was da ist, und ergänzt es mit dem, was du rituell erreichen möchtest.

Stäbe, die für bestimmte Anwendungszwecke vorgesehen sind, sind oft nur einen halben bis einen Meter lang. Diese Stäbe rufen ihren Träger in der Regel herbei, offenbaren sich, wollen gesehen und getragen werden. Oft ist sofort klar, was ihre Aufgabe ist. Manchmal zeigt sich der jeweilige Zweck aber nicht sofort – dann sei gewiss: Wenn es an der Zeit ist, den Stab zu nutzen, fällt dir sein Zweck wie Schuppen von den Augen. Anwendung finden solche Stäbe z. B. als Redestäbe, Jahreszeiten-Stäbe, Zauberstäbe für Heilbehandlungen, oder sie werden manuell hergerichtet und geschmückt, um nur für einen bestimmten Zweck geweiht zu werden.

Der Kraftstab als Elementestab kann ein solch kurzer Stab sein. Wenn du aber ein Feuer-Typ bist und Transformation dein zweiter Vorname ist, dann sollte ein Langstab, der deine Feuer-Energie unterstützt, dein Eigen sein. Hier sind der Fantasie keine Grenzen gesetzt. Lasse dich von deiner Intuition führen. Sei offen und neugierig, und höre auf dein Herz. Als Feuerstab eignet sich ein massiver Langstab aus dunklem Holz wie Kirsche oder Schlehe, gekrönt von einem Drachenkopf, sehr gut. Wenn dich dieser Stab an einem Ort ruft, der den Drachen geweiht ist, an einem heißen Tag, vor einer dir bevorstehenden enorm transformierenden Entscheidung, dann greife zu, und du bekommst Unterstützung!

Vielleicht besitzt du schon einen Stab, der das für dich verkörpert, oder aber er wird bald dein Leben bereichern. Wenn ihr euch gefunden habt, dann bist du es, der den Stab auf seine Verwendung vorbereitet. Der Prozess, in den du eingebunden wirst, verändert dich und unterstützt dich in deiner Entwicklung auf deinem Seelenweg.

Mache dir Gedanken, wie du die Eigenschaften des Feuers in deinen Stab einarbeiten kannst. Wie möchtest du ihn verzieren und schmücken? Welche Naturmaterialien eignen sich? Der Entstehungsprozess des Stabs ist wie unser Leben: Er ist nie abgeschlossen, und auch der Stab darf sein Aussehen wandeln und entwickeln.

Wo anfangen? Feste Regeln gibt es nicht, aber es empfiehlt sich zunächst eine gründliche physische Reinigung. Entschärfe scharfe Ecken grob, und reinige den Stab anschließend durch Räuchern mit Salbei oder Beifuß energetisch. Für den nächsten Mondzyklus sollte der Stab nun ruhen, möglichst in schwarzes Tuch eingehüllt, um alle Energien auszuleiten, die nicht dienlich sind. Wenn du möchtest, schleife den Holzstab anschließend mit feinem Schmirgelpapier, und poliere ihn mit einem Baumwolltuch. Genauso gut kannst du ihn aber auch wild und rau belassen. Bringe Feuerzeichen, Runen, Symbole der Kraft an deinem Stab an. Du kannst sie aufmalen, daraufkleben oder einbrennen. Alles ist erlaubt. Der Stab wird dich leiten. Folge deinen Eingebungen, und du wirst wissen, wie er werden will.

Wenn der Stab fertig ist, erlaube dir ein feierliches Weiheritual. Schreibe die prägende Affirmation für deinen Kraftstab auf ein Blatt Papier. Kleide dich vorzugsweise weiß, und errichte mental einen Schutzkreis (wenn du diese Technik nicht kennst, genügt auch ein Kreis aus weißem Salz um dich herum). Zünde eine Weihekerze an, und sei ganz bei dir. Konzentriere dich auf deine Intention, atme bewusst und langsam, und wenn du fühlst, dass du angebunden bist, sprich die Affirmation. Bleibe in dieser meditativen Stimmung, solange du magst. Zum Abschluss stelle dir vor, dass sich deine Affirmation mit dem Ausblasen der Kerze dauerhaft auf den Stab überträgt und dir jederzeit beim Sprechen eines Codewortes, das du festlegst, zur Verfügung steht. Mit jedem Gebrauch wird die Wirkung erneuert und gekräftigt. Erinnere dich: Ohne dich ist der Stab kraftlos, nur gemeinsam könnt ihr die Welt aus den Angeln heben.

Die Feuerschale

Die Feuerschale steht sinnbildlich für das wandelnde Element und unterstützt dich in Transformationsritualen. Der Name sollte nicht zu wörtlich genommen werden. Die Schale wird durch ein Behältnis symbolisiert, eine Vertiefung, eine Kuhle, ein Gefäß – im übertragenen Sinne sprechen wir vom inneren Feuer, das in dir brennt, dem Feuerkelch. Die Feuerschale verkörpert auch die weibliche, gebärende, nährende Energie des Feuers und versinnbildlicht seine Wärme. Sie ist Schutz für das Feuer, hält das Brenngut zusammen, schirmt die Umgebung vor der offenen Flamme und der Glut ab. Die Schale sammelt aber auch die Reste des Brennmaterials, das, was als Ergebnis bleibt, nachdem das Feuer transformiert hat – nämlich Asche. Da keinerlei Energien verloren gehen, ist auch die Asche nicht tot. Mit ihr kann anschließend rituell gearbeitet werden.

Wenn du mit Feuer arbeitest, solltest du unbedingt Sicherheitsvorkehrungen treffen, damit es sich nicht unkontrolliert verbreiten kann. Im Freien ist ein Erdaushub, umrandet von einem Steinkreis oder Erdwall, völlig genügend. Achte auf einen ausreichenden Abstand zu Pflanzen, Bäumen und Häusern, auch ein Eimer Wasser sollte jederzeit bereitstehen. Gut geeignet sind auch Feuerkörbe oder ähnliche Gegenstände, die ein Feuer z. B. auch auf einer Gartenterrasse ermöglichen. Bist du in der Stadt zu Hause und hast nur begrenzte Möglichkeiten, ein Feuer zu entzünden, so brenne z. B. eine Kerze in einem feuerfesten Gefäß oder Blumentopf ab. Achte auf Sicherheitsvorkehrungen und Rauchmelder! Eine andere Möglichkeit sind Gelbrenner mit Brennpaste aus dem Gastronomiebereich, die ein schönes Feuerverhalten zeigen. Und absolut sicher und sehr beliebt sind Kaminöfen im Haus. Ihr Feuer steht stellvertretend für das Herdfeuer, um das sich unsere Vorfahren als Familie versammelten. Diese Erinnerung ist von Generation zu Generation in unseren Zellen weitergereicht worden und berührt immer noch unser Herz.

Hast du deine »Feuerschale« erschaffen, beachte: Die Magie ist in dir! Du bist es, der die Energie lenkt. Du wandelst Dinge allein durch deine Absicht. Das Feuer hilft dir, dein Vorhaben zu visualisieren, für dich oder auch für andere Personen, die dem Ritual der Verwandlung beiwohnen. Nimm dir für die Ritualarbeit immer so viel Zeit, wie du benötigst und wie es sich für dich stimmig anfühlt.

Wirf die Asche, die übrig bleibt, nicht weg. Vermenge sie z. B. mit Erde, und trage sie auf dein Stirnchakra auf, mische sie mit Farbe, und lasse die Energie der ursprünglichen Form in einem Bild wieder lebendig werden, oder vermenge sie mit Knetmasse oder flüssigem Ton, und gestalte neue Formen und Gefäße daraus. Trage die Asche auf Symbolgegenstände auf, oder verziere dein Gesicht in einem zukünftigen Ritual mit den gewandelten Energien. Du kannst die Asche aber auch auf deinem Haus- oder Naturaltar in einem hübschen Gefäß aufbewahren, um dich an die Transformationsenergie anzubinden. Eine weitere Möglichkeit ist die Verwendung in einer Agnihotra-Zeremonie, einem Feuerritual, das zum Sonnenaufgang und -untergang durchgeführt wird, um die Umgebung zu reinigen und mit göttlicher Kraft aufzuladen.

Tägliche Übung:
Fokussiere das Feuer-Element

Die Verbindung mit dem Feuer-Element hält dich fit und in Schwung, schenkt dir Energie und fördert ein gutes und gesundes Körperbewusstsein. Als tägliche Körperübung möchten wir dir eine Feuer-Meditation ans Herz legen. Da es sich um eine aktivierende, aufbauende Energiearbeit handelt, solltest du die Übung vorzugsweise morgens machen. Bitte gönne deinem Körper nach dem Wachwerden ein paar Minuten, um sich auf den neuen Morgen einzustellen, und trinke ein oder zwei große Gläser Wasser. Dann mache es dir bequem. Du kannst im Bett liegend meditieren, idealerweise sitzt du aber in deinem Meditationssessel oder an deinem Meditationsplatz. Sei dir bewusst, dass du in den nächsten zehn Minuten deinen physischen Körper auf den Tag vorbereitest. Genieße diese Zeit, und mache die Übung in den nächsten einundzwanzig Tagen täglich für ungefähr zehn Minuten.

Schließe die Augen, atme ruhig und regelmäßig. Stelle dir vor, wie sich warmes, weißes Licht wie ein Wasserfall von deinem Kopf aus über deinen Körper ergießt und die Müdigkeit der Nacht von dir wäscht, dich erfrischt und gleichzeitig deine Haut leicht erwärmt. Nun gehe mit deinem Bewusstsein zum Atem in deiner Brust. Nimm seinen Rhythmus wahr, und fühle, wie dein Atem selbstverständlich fließt und deinen Brustkorb hebt und senkt. Erspüre, wo die Quelle deines inneren Feuers ist. Dieser Ort kann überall in deinem Körper sein. Begib dich mit jedem Atemzug näher zu diesem Ort in dir. Du wirst es wissen, wenn du dort angekommen bist. Im Universum gilt als eines der kosmischen Gesetze, dass das Innere dem Äußeren entspricht und umgekehrt. Beobachte, wie hell und stetig dein inneres Feuer brennt. Fühlt es sich »normal« an? Ist es vielleicht gedämpft, sogar nur noch glühende Kohle? Bist du ausgebrannt, oder loderst du lichterloh? Warum ist das so? Unwichtig, was du heute wahrnimmst, wie intensiv dein Feuer auch brennt, mit der Kraft deines Atems bist du in der Lage, dein inneres Feuer so kraftvoll anzufachen, dass es dich nährt und dir Kraft spendet. Nun gehe mit deinem Bewusstsein, geleitet von deinem Atem, durch deinen physischen Körper. Bringe das Licht und die Wärme mit jedem Atemzug weiter hinein. Atme das Licht in deine Oberschenkel, deine Knie, deine Unterschenkel, deine Füße, deine Zehen. Nimm mit jedem Atemzug die Wärme wahr, und stelle dir vor, wie all deine Zellen auf dem Weg deines Atems erwärmt werden. Bringe das Licht, die Kraft, die Energie in deine Oberarme, deine Ellenbogen, deine Unterarme, deine Hände, deine Finger-spitzen. Flute deinen Körper mit all dem, was du in deinem Feuer-zentrum wahrgenommen hast. Du wirst merken, dass du aktiver und wacher wirst, dass dir Energie zufließt. Nimm dir Zeit, jeden Teil deines Körpers mit all dem zu versorgen, was in dir ist. Lasse deinen Atem dem Fluss in deinen Venen, Arterien und Meridianen folgen. Dann strecke sanft deinen Körper, öffne deine Augen, und komme wieder ins Hier und Jetzt zurück.

Ritual zur Anrufung des Feuer-Elements

Feuer ist aktiv, lodernd, fordernd, transformierend. Wer in einem Ritual bewusst mit dem Feuer-Element arbeiten möchte, sollte sich diese Eigenschaften stets vor Augen führen. Feuer kann sanft unterstützen, z. B., indem es uns wärmt oder unsere Mahlzeiten gart. Es kann durch Auflösung etwas ganz Neues erschaffen. Die Veränderung, die durch die Arbeit mit dem Feuer entsteht, ist nicht mehr rückgängig zu machen. Feuer hebt die Energie nicht auf ein anderes Level oder gibt ihr eine andere Ausrichtung, vielmehr gestaltet Feuer neu und gestattet nur eine Wegrichtung: die Transformation.

Das Feuer-Element geht radikal seinen Weg. Wenn du mit dem Feuer arbeiten möchtest, sollten dein Geist klar und deine Intention aufrichtig sein. Die Liebe sollte stets die treibende Kraft jeder Aktion sein. Feuer kann all das transformieren, was jetzt vorhanden ist. Aber mache dir bewusst, dass bei der Verbrennung elementare Asche entsteht. Die jetzige Struktur wird durch das Feuer bis auf die kleinsten Moleküle zerlegt und gereinigt. Auf diese Weise erhältst du den benötigten Platz, aber auch den formbaren Baustoff. Aus ihm kannst du neue, mächtige, aufgeladene Gegenstände und Situationen erschaffen, die in dieser Form vorher nicht existiert haben. Dein Ritual, deine Ausrichtung, dein Wille und deine Hingabe an das Ritual machen das Unmögliche möglich. Begrenze dich nicht, sei fantasievoll, aber gehe stets achtsam mit deiner Umwelt, deinem Umfeld und deiner Familie um.

In diesem Ritual arbeitest du mit einer physischen Flamme. Ein Altar oder eine Räucherecke werden deine Ritualarbeit mit ihrer aufgebauten Energie unterstützen. Auch ein temporärer Platz ist ausgezeichnet dafür geeignet. Du kannst dieses Ritual jederzeit wiederholen, abändern und weiterentwickeln. Ritualarbeit ist Leben und dient dir, dem Praktizierenden.

DU BENÖTIGST:

- deine Altarrequisiten
- Tagebuch und Stift
- eine Kerze, mindestens 3 cm dick und 10 cm lang
- ein dünnes, spitzes Messer oder einige Zahnstocher oder eine dicke Stopfnadel
- eine Feuerschale (z. B. ein Blumentopf aus gebranntem Ton, gefüllt mit (Räucher-)Sand oder ein feuerfester Untersetzer) – deine Kerze sollte gefahrlos darin/darauf ausbrennen können, Feuerzeichen erhöhen die Energie deiner Feuerschale
- Räucherwerk zur Reinigung und Segnung (z. B. Salbei, Beifuß oder Weihrauch), Räuchergefäß, Räucherkohle und Räucherfeder
- ein ätherisches Öl, das dich an Feuer erinnert, oder dein persönliches Ritualöl
- etwas Tabak
- ein Taschentuch

Vorbereitung

Durch die Arbeit mit dem Feuer-Element kannst du ...
- es um Bewegung in einer festgefahrenen Angelegenheit bitten,
- es dir neue Möglichkeiten zeigen lassen, wenn dir die Kreativität fehlt,
- loslassen und abgeben, um Platz für Neues zu schaffen,
- es um Klarheit und Inspiration ersuchen,
- die Feuer-Energie in dir stärken.

Sei dir bewusst: Du darfst die Geistige Welt jederzeit um Hilfe bitten. Habe keine Erwartungen, und öffne dich für alles, was kommen mag. Wähle aus den oben genannten Optionen aus, was du für das folgende Ritual als stimmig ansiehst und was zu deiner jetzigen Situation passt. Behalte deine Absicht bei der Vorbereitung auf das Ritual im Fokus.

Die Arbeit mit dem Feuer-Element stärkt deine Tatkraft und macht dir bewusst, welche ungeheure Schöpferenergie in dir steckt. Dank deines Fokus entsteht der Neubeginn aus der Auflösung. Wenn du deinem Seelenplan folgen willst, geben dir die transformierenden Feuer-Energien die notwendigen neuen Impulse. Sie bauen dich auf und schenken dir Mut. Körperlich und geistig an Altem verhaftet zu bleiben, kann dazu führen, dass du die notwendige Transformation manchmal auch schmerzlich erfährst und diesen Widerstand intensiv spürst.

Durchführung des Rituals

Beginne dein Ritual damit, deinen Altar in deinem Zuhause oder in der Natur herzurichten oder zu modifizieren. Halte dabei deinen Fokus auf deinem Thema. Lasse dir Zeit, um eine passende Konstellation zu formen, und folge deiner Intuition. Wähle ein schönes Tuch mit einer feurigen Farbe, Zeichnungen von Drachen etc. sowie einige Ritualgegenstände, die dich begleiten sollen, wie Talismane, Runen, Kristalle – fühle dich völlig frei. Im Kapitel »Was gehört zum Feuer-Element?« findest du Inspirationen. Lege den Tabak als Gabe für die Wesen der Geistigen Welt auf den Altar. Lasse gern eine meditative Musik im Hintergrund laufen, und sei ermutigt, Kleidung zu wählen, in der du dich mit dem Feuer verbunden fühlst. Es muss sich für dich richtig anfühlen.

Räuchere deinen Altarplatz, und reinige auch deine Aura. Sprich mit dem Geist des Feuers, und bitte um eine tiefe, heilsame und transformierende Erfahrung. Schenke dem Feuer all deine Liebe und Güte.

Kontrolliere, dass du weiterhin das Thema deines Rituals im Fokus behältst. Es ist wichtig, dass du dir klar darüber bist, was du vom Feuer erwartest. Nimm dein Tagebuch zur Hand, und finde einen oder zwei Sätze, die deine Situation beschreiben. Vielleicht bedarfst du jetzt einer Neuausrichtung. Du kannst das Feuer aber auch ganz allgemein bitten, in den Bereichen deines Lebens Transformation anzuregen, in denen es für dich richtig ist. Fasse dich kurz, ein Begriff für jede Gegebenheit reicht völlig. Je weniger Worte du zur Beschreibung benötigst, desto klarer ist deine Formulierung. Schreibe sie in dein Tagebuch.

Nimm jetzt die Kerze, und ritze deine Schlagwörter mit einem Messer, einem Zahnstocher oder einer Nadel hinein. Mache dies langsam, Buchstabe für Buchstabe, und wiederhole die Wörter im Geiste wie ein Mantra. So zeigst du der Geistigen Welt, dass du bereit bist, die Verwandlung geschehen zu lassen. Wenn du die Worte fertig geritzt hast, stelle die Kerze vor dich, und nimm dein ätherisches Öl. Gib einige Tropfen in deine Hände, und verreibe sie dünn auf der Kerze. Damit versiegelst du die Buchstaben und festigst deine Intention in der Kerze. Fahre mit den Fingern bewusst an den Buchstaben entlang. Wenn das Öl sich gut verteilt hat, stelle die Kerze in deine

Feuerschale auf dem Altar. Deine Hände kannst du mit dem Taschentuch vom übrigen Öl säubern.

Schaue noch einmal auf deinen Altar – wenn sich alles passend und gut für dich anfühlt, entzünde die Kerze, und sprich folgende Affirmation:

>>Ich rufe das Feuer,
ich bin das Feuer,
ich bin,
wärme, wandle, leuchte und transformiere.
So sei es.<<

Bleibe noch für mindestens zehn Minuten in dieser Energie. Gern kannst du dich bequem hinlegen, bewusst meditieren und deinen Geist öffnen oder aber auch die Flamme beobachten. Sie wandelt deine Situation. Mit dem Abbrennen der Kerze werden Wachs und Docht zu Wärme, Licht und Energie. Die Hitze lässt den Transformationswunsch in die Geistige Welt aufsteigen, um dort bearbeitet zu werden. Vielleicht vernimmst du bereits in der Meditation einen Hinweis auf die Lösung. Lasse die Kerze komplett abbrennen, bedanke dich zum Abschluss beim Feuer-Element für seine Hilfe und seine wandelnde Kraft. Danke auch all deinen Helferwesen für ihre Begleitung und ihren Beitrag zum Gelingen deines Rituals.

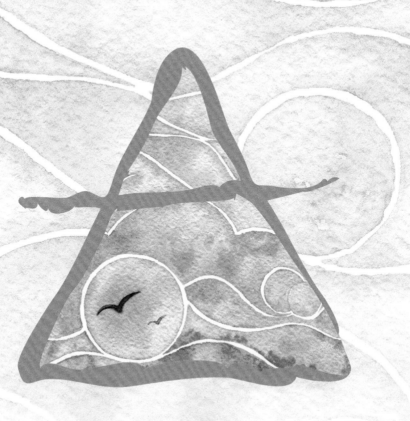

LUFT

Das Wesen der Luft

Luft ist lebensnotwendig für uns Menschen. Sie ist ein Gasgemisch, das hauptsächlich aus Sauerstoff (21 %) und Stickstoff (78 %) besteht. Hinzu kommen einige Edelgase wie Argon, Helium, Neon, Krypton (zusammen weniger als 1 %). Das gesamte Luftvolumen umgibt unseren Planeten wie eine Schutzhülle – die Atmosphäre. Würde die Erdanziehung diese schützende Schicht nicht festhalten, wäre kein Leben auf der Erde möglich.

Ohne Essen können wir einige Wochen auskommen, ohne Wasser einige Tage, ohne Luft jedoch nur wenige Minuten. Die Notwendigkeit, zu atmen, ist uns im Alltag oft nicht bewusst. Essen müssen wir zubereiten, das Trinken aktiv beschaffen. Luft ist einfach da. Erst durch die Abwesenheit von frischer Luft, bei schlechter, verbrauchter Luft, wird uns das wieder klar. Und auch eine verstopfte Nase zeigt uns, wie selbstverständlich wir sonst davon ausgehen, dass das Atmen automatisch funktioniert.

Luft ist Bewegung und Austausch und wird auch mit Begriffen wie »Wind«, »Sturm«, »Orkan« oder »Brise« beschrieben. Das reine Element ist nicht sichtbar wie das Feuer, nicht berührbar wie die Erde oder das Wasser, aber wir sehen sein Wirken und seine Existenz in unserer Umgebung. An den wiegenden Ästen erkennen wir den Wind, an den Wellen und der Gischt des Meeres die steife Brise oder den aufkommenden Sturm, in Häusern können wir den Wind um die Ecken pfeifen hören, und den drohenden Orkan spüren wir an einem dumpfen Warnsignal in unserem Bauch.

Luft steht für Veränderung, Neubeginn, frische Ideen, Inspiration. Ein Sturm fegt alte und schwache Strukturen hinfort wie vertrocknete Zweige an einem Baum. Wind bewegt die Wolken und treibt Segelschiffe voran.

Wind kann sanft und leise Altes verwehen, Veränderungen aber auch mit schneidender Gewissheit und abrupt in dein Leben bringen. Die Energie der Luft ist die eines Sonnenaufgangs an einem taufrischen Morgen.

Luft und die anderen Elemente

Luft und Wasser waren früher für große Entdecker über Wochen und Monate hinweg die beherrschenden Elemente, wenn sie in See stachen, um neue Handelswege und Kontinente zu erkunden und ihrer Freiheitsliebe und Abenteuerlust zu folgen. Luft als Passatwind beeinflusst weltweit Klima und Wetter. Man nannte diese früher sogar »Handelswinde«, weil sie so gut zu berechnen waren. Wasser und Schnee können uns in Verbindung mit der Luft extremes Unbehagen bereiten. »Schneidende Kälte« und »eisiger Wind« sind Synonyme, die jeder in einem Atemzug nennt. Als Orkan kann Luft zur Springflut führen und unermesslichen Schaden anrichten.

Ohne Luft könnte die Erde, wie wir sie kennen, nicht existieren. Die Luft bewegt Regenwolken über das Land und versorgt die Pflanzen mit Wasser. Der Wind trägt auch die Samen mit sich, um neue Pflanzengenerationen zu sichern. Frischer Wind kühlt im Sommer das erhitzte Land ab. Vor allem aber ist Luft das Medium, das uns mit dem Sauerstoff der Pflanzen und diese mit dem Kohlendioxid unserer Atemluft versorgt. Wer sich diesen Kreislauf vor Augen führt und bereit ist, zu »sehen«, wird erkennen, dass unser Atemsystem bereits bei den Bäumen und Pflanzen beginnt, die mit ihrem Geflecht aus Ästen das äußere Gegenstück unserer Bronchien ist. Die Luft verbindet alles – innere und äußere Organe. Bäume sind ein Teil von uns, und dieses Bewusstsein sollten wir bei jeder Handlung in uns tragen.

Ohne Luft kann das Feuer nicht angefacht werden, mit ihr kann es bis zu einem Feuersturm anwachsen. Andererseits kann ein Luftzug eine Kerze ausblasen. Luft wird in Verdampfungsprozessen und Verbrennungsmotoren z. B. in Autos benötigt. Hier wird im physischen Sinne verbrannte Luft erzeugt. In anderem Zusammenhang spricht man auch vom »Druck auf dem Kessel«.

Es ist offensichtlich, wie wichtig die Wechselwirkung der vier Hauptelemente ist. Ein Zuviel oder Zuwenig an Luft führt zu einem Ungleichgewicht. Deshalb solltest du immer auf ein harmonisches Verhältnis zwischen der Luft und den anderen Elementen achten.

Was gehört zum Luft-Element?

Im Folgenden beleuchten wir, was zum Luft-Element gehört. Nutze dieses Wissen für deine persönliche Verbindung mit der Luft. Rufe beispielsweise Naturwesen und Krafttiere an deine Seite, lasse dich von den Luft-Pflanzen zu Orten führen, an denen das Element besonders stark wirkt, oder nimm Luft-Nahrung zu dir, um dein Luft-Element zu stärken. Arbeite mit den Himmelsrichtungen, Farben, Runen und Mineralien, und lasse dich z. B. zu einem Luft-Altar inspirieren. Die Möglichkeiten sind grenzenlos. Mit einem stark entwickelten Luft-Element verfügst du über einen klaren Verstand, findest die richtigen Worte und bist geübt in der Konversation.

Naturwesen des Luft-Elements

FEEN begleiten uns seit unserer Kindheit. Wer erinnert sich nicht an die Geschichten und Märchen mit den geflügelten kleinen Wesen? Sie sehen aus wie Menschen, passen aber in der Regel in unsere geschlossene Hand. Sie tragen meist farbenfrohe, fröhliche Kleidchen und einen kurzen magischen Stab. Ihren Rücken zieren zwei große und manchmal zwei zusätzliche kleinere Flügel, ähnlich wie bei einem Schmetterling oder einer Libelle. Die zauberhaften Fabelwesen haben ihren Ursprung bei den Schicksalsgöttinnen des alten Roms und stehen im Nordischen auch für die drei Nornen, die am Fuß der Weltenesche sitzen und das Schicksal weben. Verwandte der Feen sind die Pixies, kleine Fabelwesen aus dem Südwesten Englands, aus Devon und Cornwall. Sie haben meist Flügel, spitze Ohren und tragen grüne Kleidung. Die Fee Tinkerbell ist vielen bekannt, ebenso die Zahnfee oder die Wetterfeen, die es zumindest ihrem Namen nach bis in die Nachrichten geschafft haben.

SYLPHEN, zu denen auch die Elfen gehören, sind feinstoffliche Naturwesen. Sie haben einen feinen, zarten Körper und eine menschliche Gestalt. Sylphen schweben eher als zu fliegen. Oft bezeichnen wir auch weiße, durchscheinende Zirrus-Wölkchen, die wie Engel aussehen, als Sylphen. Zu den bekanntesten Sylphen zählen der Erzengel Ariel, der Elemente-Engel der Luft und der Leichtigkeit, und der Elfenkönig Oberon. Die eher handfesten Sturmsylphen machen sich bemerkbar, wenn dich eine stürmische Windböe erfasst. Aus der Überlieferung sind teilweise Elfentanzplätze bekannt. Du erkennst sie an kreisförmigen Ringen, die aussehen, als seien sie aus feinem weißen Haar gesponnen.

Pflanzen des Luft-Elements

LÖWENZAHN sowie die anderen Vertreter der Korbblütler sind dem Luft-Element zugeordnet. Sie sind in der Regel Windsamer und gehören ebenso wie rankende Gewächse zu den Luft-Pflanzen. Oft haben sie hohle, schnell wachsende Blütenstängel, weil sie rasch nach oben streben, duften im Blütenstand aromatisch, blumig und beeinflussen damit über unseren Geruchssinn unsere Gefühlswelt. Bereits der Duft dieser Pflanzen regt unsere Organe an, und ihre Bestandteile, in einem pflanzlichen Medikament verarbeitet, können die Gesundheit zusätzlich unterstützen. Löwenzahn regt beispielsweise die Funktionen von Leber, Niere und Lymphe an.

Tiere des Luft-Elements

Alle VÖGEL, SCHMETTERLINGE und FLIEGENDEN INSEKTEN sind Luft-Tiere. Die Luft wird in erster Linie durch Flügel symbolisiert und repräsentiert die Leichtigkeit. Daher ist die Zuordnung logisch. Da Luft auch für Gedanken, Klarheit, Reinheit und den Geist steht, werden ihr besonders der Adler und die Amsel zugewiesen, aber auch der HASE als Symbol für die Fruchtbarkeit und den Neubeginn.

Himmelsrichtungen und Farben des Luft-Elements

- im keltisch-germanischen Weltbild   *Gelb – Osten*
- im angelsächsischen Weltbild   *Grün – Osten*
- im indianischen Weltbild (Lakota-Sioux)   *Weiß – Norden*

Runen des Luft-Elements

Die Kräfte des Luft-Elements werden durch die Runen unterstützt, die Veränderung, Inspiration, Neubeginn und neue Ausrichtung kräftigen: ALGIZ, ANSUZ, DAGAZ, EIHWAZ, GEBO, MANNAZ, RAIDHO, SOWILO, TIWAZ, WUNJO.

ALGIZ	gesunde Grenzen, Schutz, Verteidigung, Ausrichtung, Freiheit
ANSUZ	Kommunikation, Weisheit, Inspiration
DAGAZ	Erleuchtung, Seelenerweckung, Kommunikation mit der höchsten Quelle
EIHWAZ	Erneuerung, tiefes Wissen um das Mysterium des Lebens und Sterbens, Kraft zur Erneuerung, Wandel im Lebensplan
GEBO	Geben und Nehmen im Ausgleich, Vereinigung mit dem Göttlichen
MANNAZ	Wahrnehmung der inneren Strukturen, Bewusstsein dessen, was zu tun ist
RAIDHO	Verantwortung für das eigene Handeln, Rhythmus des Lebens, die rechte Zeit erkennen
SOWILO	im Einklang mit dem Seelenselbst sein, Motivation zur Veränderung, Intuition
TIWAZ	Einverständnis, göttlicher Wille, Führung durch das aufrechte Herz
WUNJO	Wunscherfüllung, Harmonie, Liebe, Leichtigkeit

Mineralien des Luft-Elements

Alle Mineralien, die dem Luft-Element zugeordnet werden, sind durchscheinend. Sie wirken leicht, haben meist eine weiche Oberfläche und können mit einfachen Mitteln angekratzt werden. Zu ihnen gehören u. a. ACHAT, SMARAGD, CHALCEDON, BERGKRISTALL, AMETHYST, CITRIN, REGENBOGENFLUORIT und CHRYSOPRAS.

Chakra des Luft-Elements

Das FÜNFTE CHAKRA, das Kehlkopf-Chakra, schwingt in der Luft-Energie. Dieses Chakra verleiht deiner Schwingung durch deine Stimme Ausdruck. Es liefert dir gleichzeitig einen klaren Geist.

Das Luft-Element und DU

ERINNERE DICH: DU BIST LUFT.

TANZE MIT DEM WIND,
SEI LEICHT,
SEI ERFRISCHEND.

Deine Gedanken sind frei, sie fliegen im Wind.
Du bringst den frischen Atem, den Neubeginn.

Verschenke deine Ideen.

Sei der Impuls, der das Alte in Bewegung bringt.
Blase hinfort, was alt und muffig ist.

Rüttle an alten Mauern, verrosteten Fenstern,
auf dass sie sich öffnen,
auf dass alles mit neuem Geist erfrischt wird.

Du bist alles –
du bist das milde Lüftchen im Hochsommer
und der Wirbelsturm im Herbst.

BEACHTE: DU BIST LUFT.

Das Luft-Element in deinem physischen Körper

Das Luft-Element wirkt in unserem Körper durch die Atmung und durch alles, was mit ihr zu tun hat. Luft ist unser Begleiter vom ersten bis zum letzten Atemzug. Sie ist lebensnotwendig und transportiert den für unseren Organismus benötigten Sauerstoff mit jedem Atemzug in unseren Körper herein und das entstehende Kohlendioxid und weitere Giftstoffe wieder hinaus. Unser Körper verbindet sich über die Atmung mit allem, was lebte oder leben wird, und wir sind Teil dieser Schöpfung. Durch die Atmosphäre ist gewährleistet, dass kein Sauerstoffatom ins Weltall entweichen kann. Wir atmen dieselben Atome, die schon unsere Vorfahren geatmet haben, die Dinosaurier und alle Tiere. Luft verbindet das Außen mit dem Innen und das Innen mit dem Außen.

Luft ist nicht nur als Gasgemisch in unserer Lunge. Sie ist jederzeit um uns herum vorhanden, selbstverständlich und schwerelos. Wir können sie zwar nicht sehen, aber manchmal können wir sie riechen, schmecken oder fühlen. Ein älterer Mann mit Blutarmut und ständiger Luftnot sagte einmal: »Der liebe Gott hat so viel Luft erschaffen, warum gibt er mir nicht mehr davon?« Erst die Abwesenheit der selbstverständlichen Dinge macht uns manchmal auf diese aufmerksam.

Beobachten wir den Weg der Atemluft durch unseren Körper. Der Atem hebt und senkt den Brustkorb, weitet ihn erst und festigt die Brustmuskeln durch die darauffolgenden Kontraktionen. Bei der tiefen Atmung wird dieser Vorgang durch das Zwerchfell unterstützt. Es wird nach unten gedrückt, die Lungenflügel dehnen sich und saugen Luft an. Beim Ausatmen wölbt sich das Zwerchfell wieder nach oben in seine ursprüngliche Position. Durch diese Bewegungen werden unsere Organe massiert und dem Blutkreislauf Sauerstoff zugeführt. Luft ist damit für Bewegung, Herzschlag und Blutfluss zuständig und hat zusätzliche Wechselwirkungen mit dem Nervensystem.

Luft-Typen neigen zur Trockenheit, weshalb sie auf eine ausreichende Flüssigkeitszufuhr achten sollten in Form von Säften, Gemüse, Obst und Wasser. Des Weiteren wird eine süß-saure Geschmackskombination empfohlen: Obst, Nudeln, Aufläufe, die Kraft geben, kombiniert mit sauren Früchten oder milchsauer eingelegtem Gemüse zur Anregung der Verdauung. Vorsicht ist geboten bei Eiscreme oder gekühlten Getränken, da diese den Verdauungstrakt stark belasten.

Luft ist Leben, Vitalität, Energie. Um frische Energie zu tanken, fahren wir ins Grüne, machen Waldspaziergänge, praktizieren Waldbaden – das bewusste Eintauchen in die Energien des Waldes, bei dem wir wieder auftanken können. Menschen mit Atemproblemen fahren in Luftkurorte mit besonders reiner Luft, um zu gesunden. Je besser wir unseren Körper mit dem versorgen, was er braucht, desto besser atmen wir die gasförmigen Schlacken, die sich in unserem Körper ansammeln können, aus. Falsches, flaches Atmen lässt ihn weniger widerstandsfähig sein und dadurch möglicherweise schneller erkranken. Eine halbe Stunde täglich an der frischen Luft sowie ein gutes Raumklima in Haus und Büro sind Gold wert. Vor allem der Ort, an dem wir schlafen, muss gut belüftet und angenehm sein, und wir sollten Mund und Nase nicht unter die Bettdecke stecken. Mache dir mehrmals am Tag bewusst, dass du dir mit entspanntem Atmen nur Gutes tust, und atme jedes Mal fünf Minuten lang bewusst ein und aus.

Der typische Luft-Typ ist sehr aktiv und eher »trocken« in seiner Erscheinung. Das zeigt sich an Haut und Haar. Auch ein trockener Husten ist symptomatisch. Bei Ungleichgewicht des Luft-Elements reagiert der Körper mit Anzeichen von Erkältung und Austrocknung. Einmal physisch Luft abzulassen, sich beim Sport auszupowern, hilft gerade Luft-Typen, ihr Gleichgewicht wiederherzustellen.

Das Luft-Element und deine Persönlichkeit

Astrologisch betrachtet, gehören die Sternzeichen Wassermann, Zwillinge und Waage zum Element Luft, deren auffälligstes Merkmal ein offener Geist ist. Diese Eigenschaft zeichnet alle Menschen mit einem starken Luft-Element aus.

Der Luft-Typ ist sehr kommunikativ, lebhaft, temperamentvoll und meist heiter gestimmt. Wenn er diese Wesenszüge übermäßig nährt, ist aber ein Kippen in den Zustand der Verwirrtheit möglich. Der Luft-Mensch ist agil, ideenreich, flexibel, allem Neuen aufgeschlossen. Er ist normalerweise klar in seinem Geist, sehr fokussiert und zielstrebig. Leichte, flexible Gedanken und geistvolle Unterhaltungen passen zum Luft-Typ. Ein Zuviel davon führt zu Unruhe, Schlaflosigkeit und Depression.

Den intensivsten Kontakt mit dem Luft-Element haben wir über die Atmung. An der Art, wie ein Mensch atmet, können wir vieles ablesen, einige Beispiele sind Aussagen wie: »Das nimmt mir den Atem«, »atemlos«, »stockender Atem«. Wir müssen also lernen, unserem gesunden Körperbedürfnis entsprechend zu atmen, denn alles, was für die physische Ebene gilt, gilt auch für die mentale. Wenn wir bewusst einatmen und unseren Atem, von unserem Geist kontrolliert, fließen lassen, können wir uns rein mental an jede Körperstelle begeben. Die regelmäßige Übung dieser Atemtechniken führt zu positiven Veränderungen im Körper, er wird leistungsfähiger. Eine gute Atemtechnik fördert aber auch die Selbstheilungskräfte, steigert die Merkfähigkeit sowie den Willen, die Tatkraft, die Kreativität und das Vorstellungsvermögen.

Sehnen wir uns nach Freiheit und Leichtigkeit, ist es sehr hilfreich, sich auf einer weiten, freien Wiese, einem Hügel oder dem Deich an der Küste einmal so richtig »durchpusten« zu lassen. Der Wind, sein Rauschen, aber auch die meditative Stille beim Gehen, all das hilft uns, uns selbst zu fühlen, alten Ballast abzuwerfen und Platz zu schaffen für neue Ideen.

Ein frischer Geist sucht ständig neue Anreize. Diese sollten aber so moderat und zielgerichtet gewählt werden, dass Wissen auch in der Tiefe entstehen darf. Vertraue darauf, es kommt wieder der Moment, dir komplett neue Reize zu gönnen. Die Gefahr liegt wie immer nur in der Dosierung. Eine Reizüberflutung durch ständig neue Sinnesreize (über alle Sinnesorgane) führt dazu, dass die Stabilität kippt – aus Klarheit und der Chance auf Erfahrung wird Verwirrtheit, Zerstreutheit, was langfristig zu mangelndem Leistungsvermögen und bis hin zur Depression führen kann.

Rituelle Gegenstände des Luft-Elements

Die Gegenstände des Luft-Elements bringen Klarheit. Sie trennen die Spreu vom Weizen, klären unsere Gedanken und bringen frischen Wind in festgefahrene Strukturen. Sie unterstützen uns bei der Unterscheidung von Richtig und Falsch und stärken unsere Entscheidungsfähigkeit. Rituelle Luft-Gegenstände lenken die Energie aus den Geistigen Reichen herab auf unsere Ebene, damit ihre Klarheit hier wirken kann. Ebenso lassen sie die Absicht der Gedanken aufsteigen, um den Geist zu lenken.

Das Schwert, der Dolch, der Athame

Das Schwert wird in Schutzritualen und in Ritualen zur Durchtrennung von spirituellen Verflechtungen oder Anhaftungen gebraucht. Während der Handlung wird es eingesetzt, um z. B. sichtbar auf dem Boden oder unsichtbar in der Luft trennende Bewegungen zwischen der loszulösenden Energie und dir oder der beteiligten Person durchzuführen. Das Schwert steht gleichfalls stellvertretend für das Schwert von Erzengel Michael und dient dir bei Zeremonien, in denen du mit Erzengel Michael arbeitest, als Verbindung zum Luftreich. Strecke dazu das Schwert mit ausgestrecktem Arm in die Höhe, und bitte Erzengel Michael, der Zeremonie unterstützend beizuwohnen. Das Schwert symbolisiert die Kraft der Unterscheidung, der Trennung und des klaren Geistes.

Der Dolch ist die verkürzte Version des Schwertes und dient meist dem Durchtrennen von Energiefäden, die unsichtbar an Personen, Tieren oder Gegenständen haften.

Der Athame, ein beidseitig scharf geschliffenes Ritualmesser mit Spitze, wird bei spirituellen Handlungen genutzt: zum Ziehen und Lenken der Kreisenergie eines heiligen Raumes um dich herum, zum Zeichnen eines Pentagramms in der Luft oder auch in den Boden, zum Schneiden rituell genutzter Pflanzenteile, zum Zerkleinern ritueller Speisen, zum Entfernen von energetischen Anhaftungen an Menschen, Tiere, Gegenstände, Gebäude. Der Athame ist etwas ganz Persönliches. Bewahre ihn immer an einem geschützten Ort auf, und setze ihn niemals für profane Alltagshandlungen ein.

Die Räucherschale

Die Räucherschale steht in besonderem Zusammenhang mit dem Luft-Element. Der Rauch, der aus der Räucherschale durch das Verbrennen von Harzen, Kräutern, Blüten und Hölzern aufsteigt, dient der Kommunikation mit der Geistigen Welt. Er trägt unsere Worte und Gebete zur Schöpfung und dient gleichzeitig als Dankesgabe. Räucherschalen können vielfältig aussehen: vom einfachen, etwas tieferen Teller über eine Schale aus Glas, Ton oder Metall bis hin zu speziell hergestellten, kunstvoll verzierten Räuchergefäßen, wie man sie in Asien oder Südamerika findet. Die Wirkung der Räucherschale ist aber nicht abhängig von der äußeren Form. Es ist deine Absicht, mit der du die Räucherung durchführst, und die Worte und Gebete, die du in die Räucherung hineinwebst, die die Wirkung erzeugen.

Es gibt verschiedene Wege, zu räuchern. Wenn du das Räuchergut mit Feuer wandeln willst, sodass viel Rauch entsteht, solltest du auf ein feuerfestes Räuchergefäß mit viel Sand zurückgreifen. Spielkastensand oder ganz feiner Sand eignen sich gut, Vogelsand solltest du hingegen nicht verwenden, da er Zusatzstoffe enthält. Die benötigte Räucherkohle wird glühend heiß und überträgt die Hitze auf das Gefäß. Am besten stellst du es beim Räuchern mit glühender Kohle auf einen isolierenden Untersetzer, z. B. eine Holzscheibe, einen großen, flachen Stein oder auch eine dicke Korkscheibe. Es versteht sich von selbst, dass das Räuchergefäß einen kippsicheren Stand haben muss.

Möchtest du nur die Essenz des Räucherwerks freisetzen, benötigst du dafür Hitze, aber kein direkt einwirkendes Feuer. Nutze ein Räucherstövchen mit abnehmbarem Oberteil, das du gegen ein Räuchersieb in passender Größe austauschst, und gib etwas Räuchersand auf das Sieb. Dieser verhindert, dass geschmolzene Harze das Gitter verkleben und das Sieb sich später nur sehr schwierig reinigen lässt – Reste der vorherigen Räucherung können die Wirkung der nächsten Räucherung verfälschen. Unter dem Sieb entzündest du ein Teelicht. Der Abstand zwischen Flamme und Sieb sollte zwischen sieben und acht Zentimeter betragen. Die Hitze des Teelichts erwärmt die Kräuter, Blüten und Harze und lässt die Wirkstoffe sanft und langsam im Raum aufsteigen. Hölzer eignen sich aufgrund ihrer Dichte weniger zum Räuchern auf dem Räuchersieb. Meist reicht die Hitze des Teelichts nicht aus, um ihre Wirkstoffe freizusetzen.

Bedanke dich bei der Arbeit mit einer Räucherschale zum Abschluss immer bei den Pflanzen, die dir bei deiner Handlung gedient haben.

RÄUCHERSTÄBCHEN ODER RÄUCHERKEGEL werden gern auf dem Altar für den täglichen Segen und als feinstoffliches Geschenk an die Geistige Welt genutzt.

ÄTHERISCHE ÖLE werden häufig als Ersatz genutzt, wenn jemand nicht räuchern möchte oder kann. Sie werden durch Extraktion oder Auspressen von Pflanzen oder Pflanzenteilen gewonnen. Wenn die Öle erhitzt werden, verdampfen sie in der Luft und entfalten ihre Wirkung feinstofflich. Du kannst dafür die üblichen Räucherstövchen nutzen, in deren Schale meist etwas Wasser und ein paar Tropfen Öl durch ein Teelicht erhitzt werden. Anstelle des Wassers kannst du das Öl auch mit etwas Wachs in die Schale geben. Das Wachs schmilzt, und die Wärme setzt den Wirkstoff des ätherischen Öls frei. So musst du nicht darauf achten, dass das Wasser nicht vollständig verdampft und das Öl verbrennt.

Du kannst das ätherische Öl auch in eine Sprühflasche mit feinem Sprühkopf geben und gereinigtes Wasser hinzufügen. Da sich Wasser und Öl nicht ohne Emulgator vermischen, musst du die Flasche vor der Benutzung kräftig schütteln. So kannst du dir selbst dein Lieblingsraumspray anfertigen, das du in deiner spirituellen Arbeit anwenden kannst. Sicherlich ist diese Methode nicht traditionell. Und doch muss man sich mit seinen Handlungen an die heutigen Gegebenheiten anpassen, speziell an die Nutzung von Rauchmeldern. Da ist es gut, Alternativen zum Räuchern zu haben.

Die Feder

Mit der Feder kannst du die geistigen Kräfte lenken und sanft im Raum bewegen. Bei der Räucherung lenkst du damit den Rauch oder die Energie in die gewünschte Richtung. Mit der Feder kannst du aber auch die Aura durchfächern. Durch das Aufwärtsstreichen kannst du lustlose und phlegmatische Menschen wieder aktivieren. Aufgekratzte und hektische Menschen können durch das Abwärtsstreifen zur Ruhe gebracht werden.

Häufig werden bei rituellen Handlungen Adler-, Bussard- oder Eulenfedern eingesetzt, die schwer zu bekommen sind. Dies ist jedoch gar nicht notwendig. Sicherlich unterstützt die Kraft einer dieser Federn deine Räucherarbeit zusätzlich mit ihrer eigenen Kraft. Eine Feder von Fasan, Schwan, Ente, Krähe und Elster kann dich aber ebenfalls unterstützen und leistet ebenso gute Arbeit.

Schaue, welche Feder dir auf deinem Weg von selbst begegnet. Häufig findest du bei Spaziergängen im Wald geeignete Federn. Lasse dich einfach führen. Ansonsten frage in Wildparks oder Vogelwarten nach. Teilweise kannst du dort Mauserfedern käuflich erwerben. Und wenn du keine Feder hast, dann nimm einfach deine Hand zum Verteilen des Rauches oder Duftes. Das Ergebnis muss stimmen. Die Form ist nur für das Auge.

Der FÄCHER ist eine Alternative zur Feder. Mit ihm kannst du den Rauch ebenso lenken.

Instrumente

Die zarten Melodien einer FLÖTE tragen unsere Sinne hoch in die Luft. In vielen Geschichten begegnen wir dem Flötenspieler, der die Natur mit seinem Spiel verzaubert. Die Naturwesen sind ganz begeisterte Zuhörer und bedanken sich häufig, indem sie ihre Unterstützung anbieten oder einfach so verschenken.

Du kannst nicht Flöte spielen? Dann schaue dich nach einer pentatonisch gestimmten Flöte um. Diese hat nur fünf Fingerlöcher und ist so gestimmt, dass alle Töne zueinander in Harmonie klingen, egal, welche Reihenfolge du wählst. Versuche nicht, ein bekanntes Lied nachzuspielen. Spiele deine eigene Melodie. Lasse sie aus deinem Herzen aufsteigen, in deine Finger fließen, und dann spiele los. Du wirst bei einer pentatonisch gestimmten Flöte meist nur kurz die Technik der Finger üben müssen, und schon erklingt deine ganz persönliche Herzensmelodie, die du den Kräften in deiner Umgebung schenken kannst.

STREICHINSTRUMENTE wie Geige, Cello und Bratsche sollen hier nur der Vollständigkeit halber als Gegenstände des Luft-Elements aufgeführt werden. Die wenigsten Menschen können diese Instrumente spielen. Und doch sind auch diese eine feine Möglichkeit, den Elementen Dankbarkeit und Wertschätzung entgegenzubringen.

Die Stimme

Das wichtigste Instrument als »Ritualgegenstand« für das Luft-Element ist deine eigene Stimme. Die hast du immer und überall dabei.

Sprich deine Worte aus dem Herzen, webe deine eigene Verbindung zu den Elementen, indem du sagst, was ausgesprochen werden möchte. Singe, wenn dir danach ist. Reihe Töne aus deinem Inneren aneinander. Du wirst erleben, dass es sich herzöffnend anfühlt. Deine eigene Melodie wird entstehen. Schalte deinen Kopf aus, wische deine Vorurteile hinweg. Diese sind nur anerzogene und übernommene Glaubenssätze. Traue dich, dir und dem Luft-Element den Klang aus dir heraus zu schenken.

Tägliche Übung:
Fokussiere das Luft-Element

Als tägliche Einstimmungsübung auf das Element Luft bietet sich eine Atemübung mit anschließender Meditation an. Nimm den folgenden Text mit einem geeigneten Abspielgerät auf, z. B. deinem Mobiltelefon. So kannst du dich beim Hören ganz auf deinen Atem konzentrieren. Praktiziere diese Übung zunächst in einem geschützten Bereich, bei dir zu Hause oder im Garten. Mit der Zeit und nach einigen Wiederholungen kannst du die Übung an deine Bedürfnisse anpassen und erweitern. Sie eignet sich z. B. auch als Gehmeditation an der frischen Luft, besonders bei einem Waldspaziergang. Wenn du hinterher Auto fahren oder eine Maschine bedienen willst, solltest du nach Abschluss der Übung und Meditation noch einige Minuten warten, dich z. B. an der frischen Luft bewegen. Wie bei allen Körperübungen gilt auch hier, dass die persönliche Belastbarkeit und das persönliche Empfinden deine Ausdauer definieren. Möchtest du deine Grenzen erweitern, so lasse dich dabei von einer weiteren Person begleiten.

Nimm deine bevorzugte Meditationsposition ein, gern darfst du auch stehen oder liegen. Deine Kleidung sollte so locker anliegen, dass sie dich nicht stört. Bist du zu Hause oder in sicherer Umgebung, die dir bekannt ist, schließe die Augen, wenn du möchtest. Beginne mit der einstimmenden Atmung:

Atme durch die Nase ein und aus. Einatmen … ausatmen … wieder einatmen, kurz die Luft anhalten … ausatmen und warten … Einatmen und so lange die Luft anhalten, wie es ohne Anstrengung geht … und vollständig ausatmen, warten … Atme ein, sobald es dir dein Körper wie von selbst signalisiert. Verlängere die Wartezeiten zwischen Ein- und Ausatmen, und achte darauf, dass du dich dabei immer noch wohlfühlst. Führe dies für weitere fünf Atemzüge durch …

Nun unterstütze deine Atmung, indem du die Hände auf deinen Bauch legst. Ziehe beim Ausatmen deine Bauchdecke ein, und drücke mit deinen Händen ganz leicht darauf. Führe auch dies für weitere fünf Atemzüge durch …

Du bist nun entspannt und offen für die Meditation. Lasse deinen Atemrhythmus langsamer und deinen Atem tiefer werden. Stelle dir vor, wie du langsam durch einen Wald gehst, du kannst das Moos unter deinen Füßen fühlen. Die Harze der Bäume und die nassen Blätter und Nadeln verströmen einen unvergleichlichen Duft. Auf der feinstofflichen Ebene nimmst du zusätzlich die ätherischen Öle dieser unberührten Natur wahr. Du fühlst dich sehr gut behütet in diesem Wald. Die Wesen und Pflanzen des Waldes heißen dich willkommen. Lenke deine Aufmerksamkeit zurück auf deinen Atem. Mit jedem Einatmen durch die Nase nimmst du die reine Waldluft in deinen Körper auf und atmest jetzt durch den offenen Mund alle verbrauchten Energien aus. Beobachte bewusst den Strom deines Atems. Lenke die frischen Energien, diese Lebenskraft, in deiner Vorstellung mit jedem Einatmen über die Nase in deinen ganzen Körper, erst in den Oberkörper, dann in die Arme und Hände, den Bauch und zum Schluss in deine Beine und Füße. Lasse mit jeder Ausatmung alles Alte und Verbrauchte, alles Schwere und Schmutzige durch deinen offenen Mund hinausströmen. Nimm wahr, wie frische und reine Lebensenergie, das Prana*, bis in jede einzelne Zelle vordringt. Jede einzelne Zelle dürstet nach den Eigenschaften der Luft, nach Sauerstoff, nach Leichtigkeit, Frische, Offenheit und Klarheit. Im Gegenzug und, damit das Neue Platz hat, wird die Schlacke, das Verbrauchte und Überholte, freigelassen.

Du atmest immer weiter langsam und stetig durch die Nase ein. Das, was überflüssig und nutzlos für dich ist, atmest du durch den Mund wieder aus. Wenn du spürst, dass sich all deine Zellen durch

---

* Prana (Sanskrit) bedeutet im Hinduismus Lebensatem, Lebenshauch, Lebensenergie, Leben. Prana ist vergleichbar mit dem chinesischen Qi, dem japani-
  schen Ki oder dem tibetischen Lung.

diesen Luftstrom regeneriert haben und gesund sind, richte deine Aufmerksamkeit auf die Bäume und Pflanzen um dich herum. Bedanke dich geistig dafür, dass sie dir die so heilsam wirkende Luft zur Verfügung stellen und all deine verbrauchte Luft durch ihr Ökosystem erneut aufbereiten und dir im Kreislauf des Lebens wieder anbieten wollen. Genieße weiter diesen Gasaustausch – Luft und Sauerstoff durch die Nase einatmen, Kohlendioxid durch den Mund ausatmen. Bleibe ganz bei dir, lasse deine Gedanken kommen, schaue sie dir an, lasse sie weiterziehen. Atme ein und aus. Du wirst angefüllt mit neuer Lebensenergie und erlaubst deinem Bewusstsein und deiner Aura, sich auszudehnen.

Zunächst erweitert sich deine Aura nur um ein paar Zentimeter über deiner Haut. Lasse zu, dass du dich weiter ausdehnst, in alle Himmelsrichtungen, über die Grenzen deines Blickfeldes hinaus. Fühle, wie deine Aura eins wird mit deiner Umgebung, nimm die Bäume und den Wald wahr. Erweitere deine Verbindung, dehne deine Aura über den Waldrand hinaus aus. Du dehnst dich auch nach oben und unten aus – in Richtung des Kosmos und zum Erdkern hin. In deiner Aura machen sich nun auch die anderen Elemente bemerkbar: Wasser für das Pulsieren deiner Flüssigkeiten in dir, Feuer für die Wärme und Geborgenheit, Erde für den festen Stand und Äther für die Verbindung zur All-eins-Seele. Du bist Teil der Elemente, die unsere Schöpfung darstellen, und die Schöpfung ist in Form der Elemente Teil von dir.

Bedanke dich für diese klärende Erfahrung, und überlasse es deinem Bewusstsein, deine Aura wieder in deine dir vertrauten Grenzen zurückzuführen, wenn es sich für dich richtig anfühlt. Abschließend atmest du noch zehnmal tief ein und aus. Mit den letzten drei Atemzügen öffnest du deine Augen wieder, wenn du sie geschlossen hattest, und bist klar und erfrischt im Hier und Jetzt.

DU BENÖTIGST:

- ein gelbes Tuch für den Altar

- Gegenstände, die für dich einen Bezug zur Luft haben

- eine Räucherschale (siehe S. 93), mit der du beim Räuchern gefahrlos herumlaufen kannst

- evtl. Räucherkohle, wenn du auf Kohle räuchern möchtest

- Streichhölzer

- eine Feder (alternativ ein Fächer oder ein stabiler, belaubter Ast, mit dem du fächern kannst)

- zwei Räuchermischungen: einmal Räucherwerk für die Einstimmung und zum Reinigen (z. B. Lorbeer, Salbei, Beifuß, Weihrauch), einmal Räucherwerk für das Ritual, das dein Herz berührt, das du gern riechst – es darf auch ein Duft sein, der dir sehr wichtig ist, den du nur für besondere Gelegenheiten nutzt

- eine Flöte oder ein Streichinstrument, falls vorhanden

Ritual zum Segnen des Luft-Elements

Luft hat die Aufgabe, Bewegung zu erzeugen. Mit dem Wind trägt sie Pflanzensamen weit über das Land, bewegt die Äste der Bäume und lässt so die Samen mit weitem Abstand zum Baumstamm herunterfallen. So fördert das Luft-Element das Wachstum und die Vermehrung. Gleichzeitig trennt es Abgestorbenes ab und ermöglicht damit Entwicklung im Freiraum. In der Luft tanzen die Schmetterlinge, die Vögel gleiten durch sie. Selbst unsere Flugzeuge, doch eigentlich schwere Materie, können dank geeigneter technischer Anpassungen in ihr fliegen. Wind bewegt die Wolken, diese Menge an leichtem, verdampften Wasser, hin zu den Plätzen, wo dieses gebraucht wird. Luft bringt dir frische Gedanken. Sie fördert das Neue, bläst alles hinfort, was für dein Leben in Leichtigkeit hinderlich ist. Luft bewegt. Ohne das Element Luft herrschte Stillstand.

In diesem Ritual hast du die Möglichkeit, dich bei der Luft zu bedanken und deine persönliche Schwingung mit der Energie der Luft verschmelzen zu lassen. Finde einen Platz oder eine Räumlichkeit, an dem oder in der du das Luft-Element besonders würdigen möchtest. Das kann eine Stelle in der Natur sein, in deinem Garten, auf deinem Balkon, ebenso in deiner Wohnung. Der Ort ist von untergeordneter Rolle. Es zählt, dass du mit deinem ganzen Herzen diesen Platz annehmen kannst. Je nach Örtlichkeit bedarf es einer Anpassung des Rituals. Fühle dich hierbei frei, und folge deiner Intuition.

TIPP: Alternativ zur Räucherung kannst du in diesem Ritual gleichwertig den Duft mit ätherischen Ölen und einem Räucherstövchen erzeugen. Die schlichteste Version sind Räucherstäbchen, deren Duft für dich etwas Besonderes bedeutet.

Vorbereitung

Durch die Arbeit mit dem Luft-Element kannst du ...
• es belastende Gedanken entfernen lassen,
• es um Klarheit in festgefahrenen Situationen bitten,
• die Leichtigkeit in dein Leben einladen,
• es um Inspiration und Ideen ersuchen,
• Plätze und Räume reinigen und/oder segnen.

Die Arbeit mit dem Luft-Element bringt frischen Schwung, wenn es an Antrieb mangelt. Sie weitet deinen Blick und öffnet dich für das Neue. Das Luft-Element klärt deine Gedanken und entfernt, was belastend und vernebelnd wirkt.

Bereite beide Räucher- oder Öle-Mischungen vor, und lege sie bereit. Vielleicht möchtest du dich bei diesem Ritual durch luftige gelbe Kleidung unterstützen lassen?

Durchführung des Rituals

Der Platz, den du für dein Ritual gewählt hast, sollte sauber und aufgeräumt sein. Er steht stellvertretend für dein Innerstes und symbolisiert den Neubeginn, das Reine. Selbstverständlich brauchst du nicht den Wald zu fegen, damit er rein ist, falls sich dein Platz in der freien Natur befindet. Aber entferne möglichen Abfall, und lege herabgefallene Äste an den Rand deines Platzes. Gern kannst du daraus auch einen Kreis formen. Luft steht symbolisch für Leichtigkeit, und so sollte sich der von dir gewählte Platz anfühlen.

Prüfe deinen Impuls. In welche Richtung möchtest du während deiner Ansprache schauen? In unseren Breitengraden wird die Luft dem Osten zugeordnet. Lege dein Altartuch entsprechend hin, und dekoriere es mit deinen Gegenständen. Lege das Räucherwerk und alle benötigten Ritualgegenstände in greifbare Nähe.

Bevor du beginnst, entspanne dich, und komme zur Ruhe. Lasse die Gedanken des Tages ausklingen. Zünde dann die Räucherkohle, wenn du räuchern möchtest, oder das Teelicht, wenn du ätherische Öle nutzen willst, an. Es dauert etwa zehn Minuten, bis die Kohle durchgeglüht ist und du sie nutzen kannst. Betrachte deinen Altar und die Gegenstände darauf. Dies stimmt dich auf die anschließende Handlung ein.

Sobald die Räucherkohle weiß ist, kannst du sie nutzen. Gib etwas von dem reinigenden Räucherwerk auf die Kohle oder das Sieb, oder gib ein paar Tropfen des ätherischen Öls in das Räucherstövchen, oder nutze das Raumspray bzw. das Räucherstäbchen. Alles Genannte hat die Kraft der Reinigung. Gehe auf deinem Platz entgegen dem Uhrzeigersinn im Kreis herum, und lenke dabei den aufsteigenden Rauch bzw. den Duft um deinen Altarplatz herum. Verteile den Duft besonders auch in mögliche Ecken. Nimm die Feder, den Fächer oder deine Hand zu Hilfe. Sprich dabei laut:

> »Ich bitte die Kraft dieses Räucherwerks und alle
> lichtvollen Kräfte darum, diesen Platz zu reinigen.
> Möge alles Belastende diesen Platz verlassen.
> Dieser Platz ist rein und frei.«

Stelle dir dabei vor, wie der Platz lichtvoll und klar wird. Unterstütze das Räuchergut mit deiner Gedankenkraft. Erinnere dich: Du bist die Schöpferkraft. Alles geschieht, wie du es formst.

Warte eine Weile, und fühle in den Raum hinein, während deine Arbeit ihre Früchte entwickelt und dein Platz beginnt, Frieden und Ruhe auszustrahlen.

Fühle die Dankbarkeit in dir. Mit der Unterstützung der Luft hat dein Platz eine Heilung und Reinigung erhalten. Mache dir bewusst, wie du immer wieder vom Luft-Element unterstützt und gefördert wurdest. Was hat sich in deinem Leben bisher verändert, weil sich deine Gedanken durch die Luft geklärt haben? In welchen Situationen warst du froh um die Anwesenheit und Unterstützung des Luft-Elements?

Nimm nun deine zweite Räuchermischung oder dein zweites Öl. Gib sie als Opfergabe und bediene dich der Technik, die du soeben bei der Reinigung genutzt hast. Öffne dich dem Gefühl der Dankbarkeit und Liebe, sprich deinen Dank an das Luft-Element, und ergänze Folgendes mit eigenen Worten:

> »Ich rufe die Hüter der Luft und
> bitte sie zu mir an diesen Ort.
> Aus meinem Herzen möchte ich danken für …
> Ich segne diesen Platz und fülle ihn mit meiner
> Dankbarkeit und Wertschätzung.«

Du hast von den Kräften des Luft-Elements Unterstützung für dein Ansinnen erhalten. Bedanke dich dafür, indem du zum Ausgleich etwas von dir gibst. Wenn du eine Flöte oder ein Streichinstrument besitzt, dann schwinge dich auf die Energie des Platzes ein, und spiele seine Melodie. Lasse dich führen, und verschmilz mit diesem besonderen Moment. Falls du ein Lieblingslied auf deinem Instrument spielen kannst, fühle dich frei, auch dieses zu verschenken. Ebenso kannst du mit deiner Stimme eine Melodie tönen.

Gehe beim Segnen auch im Kreis herum, dieses Mal im Uhrzeigersinn. Sprich dabei:

>>Möge unsere Verbindung immer
friedlich und ausgewogen sein.<<

Lasse diese Stimmung in dir nachklingen und auf dich wirken. Beende anschließend dein Ritual. Erlaube dir, dir selbst gegenüber dankbar dafür zu sein, dass du dieses Bewusstsein lebst.

Stelle sicher, dass von dem Räuchergefäß oder dem Räucherstövchen keine Gefahr ausgehen kann. Sobald es sich für dich richtig anfühlt, löse diesen Altar wieder auf.

WASSER

Das Wesen des Wassers

An einem plätschernden Bach zu sitzen, dem Gurgeln des Wassers zu lauschen, entspannt unsere Nerven. Das Kommen und Gehen der Wellen am Strand zu beobachten, ihr Rauschen zu hören, entschleunigt uns. Ist die Kraft des Wassers um uns herum sanft und friedlich, so beruhigt es uns und lässt uns unseren inneren Frieden finden. Im frühen Morgengrauen in einem Boot auf einem See auf den Sonnenaufgang zu warten, ist ein Geschenk, das wir uns nur ganz selten gönnen.

Wasser handelt nicht mit Absicht. Es folgt seiner Aufgabe – es fließt. Es folgt seinem Drang nach unten. Regen und Schnee fallen vom Himmel, Wasserfälle rauschen hinab, und das Wasser sickert zurück in die Erde, um aus ihr irgendwann und irgendwo wieder ans Tageslicht zu kommen. Und bei dieser Aufgabe nimmt das Wasser alles mit, was ihm auf seinem Weg begegnet.

Wasser erfrischt uns an heißen Tagen und nach anstrengender Arbeit. Unsere Zellen brauchen reines Wasser, um gesund funktionieren zu können. Je weniger Inhaltsstoffe Trinkwasser hat, desto gründlicher kann es die Abfallstoffe der Zellprozesse aus unserem Körper hinaustransportieren. Wasser reinigt. Das sehen wir täglich. Es löst den Schmutz aus unserer Kleidung und von unserer Haut, entfernt Schweiß, Staub und alles, was sich im Laufe des Tages angesammelt hat. Dabei trägt das Wasser all dies zurück in die Erde und übergibt es ihr, damit es selbst wieder gereinigt wird.

Und Wasser reinigt nicht nur körperlich. Es nimmt alle energetischen Anhaftungen aus unserem Energiesystem mit sich, wenn wir sie freigeben. Eine Dusche mit der Absicht, die Aura zu reinigen, lässt uns hinterher die Leichtigkeit fühlen.

Bedenke: Wasser speichert alle Informationen, die es aufnimmt. Energie geht niemals verloren, sie kann nur umprogrammiert werden, und Wasser ist ein besonders guter Energiespeicher. Bereits Masaru Emoto hat mit seinen Fotos von Wassermolekülen gezeigt, wie intensiv wir die Struktur disharmonisch oder harmonisch mit der Kraft unserer Gedanken und unseres eigenen Energiefeldes beeinflussen können.

Neben all dem sanften, lenkenden, reinigenden Einfluss kann Wasser ebenso brachial wirken. Herabstürzende Wasserfälle sind in der Lage, über Turbinen Strom zu erzeugen. Ein kraftvoll sprudelnder Bach treibt das Rad einer Wassermühle an und bewegt so den schweren Mühlstein. Ein Sturzbach, verursacht durch wolkenbruchartigen Regen, ist in der Lage, ganze Häuser zu zerstören. Die Wucht von fließendem Wasser ist unglaublich machtvoll, kann durch Überschwemmungen ganze Gegenden verändern, Bäume entwurzeln und sogar schwere Autos wegspülen. In großen Massen fließendes Wasser spült die fruchtbare Erde fort und hinterlässt ausgewaschene Brachfläche. Und dabei geht Wasser nur seiner natürlichen Aufgabe nach: Es fließt. Wer sich ihm in den Weg stellt, wird mitgerissen.

Selbst in seinem vermeintlich sanften Einfluss kann Wasser auflösend wirken. Steter Tropfen höhlt den Stein. Überall dort, wo vormals kleine Rinnsale oder große Ströme über lange Zeit flossen, liegen heute tiefe Täler. Ein bekanntes Beispiel ist die Mosel, deren ursprünglich breites Flussbett heute stark mäandernd durch eine hügelige Landschaft fließt. Die Gesamtheit sanfter Wassertropfen hat die Kraft, ganze Felsen und Landstriche zu bewegen und sogar tiefe Rinnen oder kreisrunde Becken in Felsen zu graben. Der einzelne Tropfen bewirkt wenig, viele Tropfen verändern gemeinsam selbst hartes Material.

Unsere Vorfahren und das Wasser

Alles Leben entwickelte sich aus dem Urmeer. Erst als sich das Wasser bildete, wurde Leben möglich. Wir sprechen auch vom »Wasser des Lebens«, ein Zeichen unserer Wertschätzung für dieses Element. Sie hat ganz alte Wurzeln. Unsere Vorfahren waren sich schon vor Tausenden von Jahren bewusst, dass ohne Wasser langfristig nichts wachsen kann. Sie siedelten immer in der Nähe von Quellen und Wasserstellen. Später entwickelten sie Techniken, um das Wasser mithilfe von hohlen Baumstämmen, gemauerten Rinnen und mit Lehm ausgekleideten Gräben in ihre Siedlungen zu transportieren. Hoch angesehen waren die Weisen, die fähig waren, Wasseradern aufzuspüren, damit Brunnen gegraben wurden. Erst mit der Verfügbarkeit von Wasser waren Besiedlung, Vieh- und Landwirtschaft möglich. Leben ist abhängig vom Wasser.

Als unsere Ahnen erkannten, dass das Wasser sie tragen könnte, bauten sie Flöße, Boote und immer größere Schiffe. Nachdem sie einmal das Prinzip erkannt hatten, nutzten sie die Fließkraft des Wassers als Transportantrieb. Um gegen den Strom zu fahren, setzten sie Pferde ein, die, am Flussufer entlanglaufend, das Schiff an Seilen zogen. Noch heute zeugt der Begriff »Leinpfad« davon. Wenn es ausreichend Wind gab, wurde seine Kraft mit Segeln genutzt, und so glitt das Schiff dahin.

Wir verbinden das Wasser häufig mit Fernweh. Die weiten Reisen über das Meer ließen unsere Vorfahren neue Welten erkunden, neues Wissen sammeln und Erfahrungen machen. Unsere Redewendung »auf zu neuen Ufern« zeugt davon, dass die Menschen Altes und Bewährtes hinter sich ließen und den Mut aufbrachten, sich auf ganz Neues, Unbekanntes einzulassen.

Unsere Vorfahren glaubten, dass jede Quelle einen Hüter hat. Manche Quellen wurden ihrer Ansicht nach von Göttern und Göttinnen beschützt. Die Menschen huldigten diesen Wesenheiten, indem sie einmal im Jahr für ein paar Wochen die Quelle festlich schmückten und dem Wasser-Element auf diese Weise ihre Dankbarkeit darbrachten. Sehr bekannte Wasser hütende Göttinnen sind die keltische Sulis und die römische Minerva. Ihnen sagt man ganz besondere Heilkräfte zu. An von den Wasser hütenden Göttinnen gesegneten Heilquellen entwickelten sich häufig Kuranstalten und Bäder, deren Heilwirkung teils heute noch genutzt wird.

Was gehört zum Wasser-Element?

Im Folgenden beleuchten wir, was zum Wasser-Element gehört. Nutze dieses Wissen für deine persönliche Verbindung mit dem Wasser. Rufe beispielsweise Naturwesen und Krafttiere an deine Seite, lasse dich von den Wasser-Pflanzen unterstützen, oder nimm Wasser-Nahrung zu dir, um dein Wasser-Element zu stärken. Arbeite mit den Himmelsrichtungen, Farben, Runen und Mineralien, und lasse dich z. B. zu einem Wasser-Altar inspirieren. Die Möglichkeiten sind grenzenlos.

Naturwesen des Wasser-Elements

WASSERMÄNNER und NÖCKS gehören zu den männlichen Wasser-Geistern. Meist sind sie grummelig bis bösartig. Ihr Wesen ist ruppig, und der Sage nach locken sie häufig Lebende an, um sie unter Wasser zu ziehen und in ihren Unterwasserschlössern gefangen zu halten.

WASSERFRAUEN hingegen sind sehr mütterlich und kümmern sich um Menschen, die auf dem Wasser oder in seiner Nähe in Gefahr geraten sind.

KLABAUTER werden die männlichen Wasser-Geister genannt, die auf Schiffen wohnen und der Besatzung wohlgesonnen sind. Sie sind häufig Klopfgeister, die sich durch Hämmern und andere Geräusche bemerkbar machen. Solange die Klabautermänner unter Deck bleiben, ist alles gut. Sieht man sie allerdings auf Deck, so droht die Gefahr eines Schiffsuntergangs. Vorher versucht der Klabautermann aber, den Kapitän zu warnen.

UNDINEN, NYMPHEN und **NIXEN** sind halbgöttliche Wesen, die im Wasser leben. Meist sind sie friedlich. Gefährlich wird es nur, wenn sie ihre Stimmen erheben und mit ihrem lieblichen Gesang die Sinne betören, sodass die Menschen in ihrer Nähe den klaren Verstand verlieren und mit ihren Schiffen auf ein Riff auflaufen oder die Achtsamkeit verlieren und in tödliche Strudel geraten.

WASSERGEISTER haben meist kein Interesse an einer Zusammenarbeit mit den Menschen, sie leben in ihrer eigenen Welt. Sie sind sehr vorsichtig und bilden ganz selten Gemeinschaften mit Menschen. Es bedarf eine intensive Vertrautheit, damit es zu näheren Kontakten kommt.

Pflanzen des Wasser-Elements

Pflanzen des Wasser-Elements dienen häufig der Reinigung des Wassers. Sie nehmen Schadstoffe aus dem Wasser auf und verarbeiten diese – ein Beispiel ist die **KLEINE WASSERLINSE,** auch Entengrütze genannt, die du unmittelbar am Ufer von Gewässern findest.

SCHILF finden wir überall im und um Gewässer herum. Er begrünt die Ufer und verwehrt den Zutritt zum Wasser.

ALGEN ernähren sich u. a. von Nitrat, Nitrit und Phosphor. Dabei nehmen sie jede Menge Kohlendioxid auf und produzieren durch die Fotosynthese Sauerstoff. Ein ausgewogenes Verhältnis zwischen Wasserpflanzen und Algen bringt das Gewässer in ein ökologisches Gleichgewicht. Ein Zuviel an Algen nimmt dem Wasser die Nährstoffe, und den restlichen Pflanzen mangelt es daran. Algen regulieren die Wasserqualität.

TRAUERWEIDEN wachsen mit Vorliebe an Gewässerrändern, wobei ihre Wurzeln und der Stamm häufig sogar im Wasser stehen. Auf diese Weise kann die Trauerweide ihren enormen Wasserbedarf befriedigen. Die langen und feinen, häufig bis fast auf den Boden reichenden Äste tanzen im Wind und machen den Eindruck, dass ein junges Mädchen sich tanzend dem Wind hingibt. Die Trauerweide ist klug. Sie blickt, wie alle Wasser-Wesen, tief in die Seele eines Menschen. Sie mag kein oberflächliches Geplapper und schweigt dann meist. Öffnest du allerdings dein Herz und erbittest aufrichtig Rat von ihr, wird sie dir liebevoll zuhören und dich mit ihrer Weisheit beraten. Frage sie zu Beginn, ob du näher zu ihr herantreten darfst. Kein Lebewesen mag es, wenn man ihm ungefragt zu nahe kommt.

Der **LOTOS,** auch Lotus genannt, thront auf dem Wasser wie ein geöffneter Kelch. Durch seine besondere Oberfläche perlt alles von ihm ab, so bleibt er rein. Verbinde dich mit dem Lotos, damit alles, was an dir anhaften will, wieder abläuft. Während die Dunkelheit herrscht, verschließt sich der Lotos. Erst wenn alles um ihn herum strahlt, ist er bereit und zeigt seine Schönheit. Er wurzelt sehr tief auf dem Grund der Gewässer, steht für Tiefgründigkeit und Reinheit. Wenn die obere Blüte verwelkt und ihre Aufgabe erledigt ist, macht sich von ganz tief unten, von der Basis, dem Grund, ein neuer Stängel auf den Weg, um weit nach oben zu wachsen und dem Licht seine Blüte darzureichen.

Tiere des Wasser-Elements

Alle Bewohner der Flüsse, Meere und Seen zählen zum Wasser-Element. Hierzu gehören die ganz großen Tiere wie Wal, Hai und Delfin, aber auch die kleinen wie Muscheln und Korallen. Die WASSERBEWOHNER decken eine große Bandbreite des Verhaltens ab. Manche sind Einzelgänger, andere bewegen sich in sehr großen Schwärmen und Verbänden. Die meisten Wasserbewohner geben keine für den Menschen hörbare Laute von sich und können sich doch sehr genau abstimmen.

Himmelsrichtungen und Farben des Wasser-Elements

- im keltisch-germanischen Weltbild   *Blau – Westen*
- im angelsächsischen Weltbild   *Rot – Westen*
- im indianischen Weltbild (Lakota-Sioux)   *Schwarz – Westen*

Runen des Wasser-Elements

Durch die Runen EIHWAZ, HAGALAZ, INGWAZ, ISA, LAGUZ, PERTHRO wird das Wasser-Element repräsentiert.

EIHWAZ	Erneuerung, tiefes Wissen um das Mysterium des Lebens und Sterbens, Kraft zur Erneuerung, Wandel im Lebensplan
HAGALAZ	schlagartige Veränderung durch äußere Einflüsse, Neubeginn
INGWAZ	Urvertrauen, Fruchtbarkeit
ISA	im Moment sein, Stillstand, Entschleunigung, innere Zentriertheit
LAGUZ	sich vom Fluss des Lebens tragen lassen
PERTRHO	Chancen nutzen, freie Entscheidungen treffen

Mineralien des Wasser-Elements

Neben dem OPAL, der im Wasser gelagert werden sollte, wirken alle Steine für das Wasser-Element unterstützend, die durchscheinend bis durchsichtig und von blauer Farbe sind. Mineralien des Wasser-Elements wirken häufig kühlend. Dazu gehören u. a. LAPISLAZULI, AQUAMARIN, OPAL, PERLE, RAUCHQUARZ, MONDSTEIN, GOLD-RUTIL, MILCHQUARZ, SODALITH.

Chakra des Wasser-Elements

Das ZWEITE CHAKRA, das Sakral- oder Nabelchakra, schwingt in der Wasser-Energie. Es regelt den Fluss und die Zusammensetzung der Flüssigkeiten und Sekrete in deinem Körper und unterstützt deine Schleimhäute.

Das Wasser-Element und DU

Erinnere dich: Du bist WASSER.

ERFRISCHE,
SEI BEWEGLICH,
FLIESSE.

Du bist die Bewegung.

Du bist die Erfrischung an heißen Tagen.
Du erschaffst das Blut, das in den Adern fließt.
Du bringst Heilung.

Du bist flexibel und unzerstörbar.

Man kann deine Form verändern, aber wenn man aufhört,
dich zu bearbeiten, wirst du wieder Wasser.
Du weichst aus, wenn man auf dich einschlägt.
Danach ruhst du wieder unzerstört in dir selbst,
gefestigt im Sein.

Du bist ein Tropfen von vielen
und erzeugst dadurch eine enorme Kraft.
Du sprengst Mauern und Spalten.

Du bist sanft.
Du bist flexibel.
Du bist stark.

Beachte: Du bist WASSER.

Das Wasser-Element in deinem physischen Körper

Menschen mit einem großen Anteil an Wasser im Körper empfinden wir als weich. Ihre Knochen sind kaum zu spüren. Im Gegensatz zu Erd-Menschen wirken sie aber nicht so kompakt, sondern gleichfalls biegsam.

Der menschliche Körper besteht durchschnittlich zu 70 % aus Wasser. Im Körper wirkt das Wasser in den Körperflüssigkeiten: dem Blut, der Lymphe, dem Zellwasser, der Tränenflüssigkeit, dem Urin, dem Schleim, dem Vaginalschleim und dem Sperma. Diese Flüssigkeiten müssen im Körper transportiert werden. Dies geschieht am besten durch die Pumpfunktion der Muskeln. Alle Muskeln, auch die feinsten, sollten angeregt und trainiert werden. Bewegung, auch wenn nur in ganz geringem Maße, ist daher angeraten. Menschen des Wasser-Elements neigen zu körperlicher Trägheit, was häufig zu Übergewicht und Wasseransammlungen im Körper führt. Diese Menschen benötigen regelmäßig eine leichte Animation, um sich freudig der Bewegung hinzugeben und die Pumpfunktion in ihrem Körper aktiv zu halten.

Menschen mit einem zu starken Wasser-Element wirken häufig antriebslos. Einen harmonisierenden Einfluss auf sie haben alle Speisen, die wärmend wirken. Wärmende Gewürze sind z. B. die meisten scharfen Gewürze wie Curry, Paprika, Pfeffer, Chili. Wärmende Lebensmittel sind z. B. Rettich, Radieschen, Zwiebeln, Paprika, Peperoni. Diese Lebensmittel regen nicht nur die Wärmeproduktion an, sie fördern auch die Verdauung. Der Wasser-Typ hat eine Vorliebe für süßes Essen, was bei seiner Neigung zu Übergewicht jedoch ungeeignet ist. Dem gegensteuern können Lebensmittel mit bitterem Geschmack. Bitter neutralisiert süß. Diverse Salate haben eine bittere Grundnote, ebenso das Gänsefingerkraut und der Löwenzahn.

Fließen kann nur, was in ausreichender Menge flüssig vorhanden ist. Es ist sehr wichtig, stilles Wasser in genügender Menge zu trinken, damit die Harmonie zwischen den Organen gesichert wird. Wird dem Körper nicht regelmäßig Wasser zugeführt, werden die Körperflüssigkeiten zäh. Die Nervenimpulse können nicht in benötigter Menge weitergeleitet werden. Alle Körperfunktionen verlangsamen. Der Drang, sich zu bewegen, lässt nach, wodurch wiederum die Muskelaktivität reduziert wird. Daraus entstehen geschwollene Füße, Beine und Hände, und das Herz muss mehr arbeiten. Du kannst allein schon aus dieser kurzen Beschreibung erkennen, wie wichtig für dich das tägliche Trinken einer ausreichenden Menge an stillem, reinem Wasser ist. Wasser ist Leben. Einen Wassermangel und seine Auswirkungen nehmen wir direkt im Körper wahr.

Die meisten Menschen jedoch sagen von sich, dass sie nicht nur stilles Wasser trinken könnten, ihnen würde der Geschmack fehlen. Dieses Bedürfnis kann gut durch Früchte- und Kräutertees befriedigt werden. Hier eignen sich alle Tees mit feurigen Pflanzen, z. B. Ingwer und Zimt. Sie bringen Abwechslung und helfen, die Stagnation der Körperflüssigkeiten zu verhindern und einer Verschleimung entgegenzuwirken.

Wie bereits angedeutet, kann Wasser die Schwingung dessen aufnehmen, womit es in Berührung kommt, und diese Informationen speichern. Wenn du dich körperlich und energetisch reinigst, bitte also darum, dass sich Schmutz und Anhaftungen durch diese Waschung in Energien wandeln, die heil machen und zum Wohle aller Wesen dienen. Das beim Duschen benutzte Wasser nimmt alle deine losgelösten negativen Schwingungen mit. Damit diese nicht in den Wasserkreislauf gelangen, stelle dir vor, dass ein violettes Energiegitter über deinem Abfluss liegt, durch das beim Durchfluss alle negativen Energien in positive, reine Energien gewandelt werden. Da du dich nicht darauf verlassen kannst, dass das Wasser, das dir zum Duschen dient, bereits frei von negativen Energien ist, ist es ratsam, auch am Duschkopf ein violettes Wandlungsgitter zu visualisieren. So wird die Speicherung im Wasser neutralisiert, und die Schwingung des Wassers wird dich höchstmöglich unterstützen.

Das Wasser-Element und deine Persönlichkeit

Zum Wasser-Element zählen Menschen mit den Sternzeichen Fische, Krebs und Skorpion. Sie wirken häufig nicht greifbar und können gut frontalen Begegnungen ausweichen. Sie sind besonders gefühlvoll und zeichnen sich durch Sensibilität und eine gute Intuition aus.

Das Wasser-Element wird mit den Gefühlen und Emotionen assoziiert. Mit dem Wasser verbundene Menschen fühlen tief. Sie gehen den Dingen auf den Grund. Nah dem Wasser gebaut, reagieren Wasser-Menschen öfter als andere mit Tränen auf berührende positive wie negative Erlebnisse.

Wie das Wasser fließt, so fließen auch die Energiefäden des Wasser-Elements im gesamten Raum. Menschen mit Wasser-Eigenschaften in ihrer Persönlichkeit bemerken alle Feinheiten. Sie sind empfindsam in ihren Wahrnehmungen, und doch zeigen sie es selten offen. Diese stille und ungreifbare Art wirkt auf Außenstehende wie eine in sich ruhende Gemütlichkeit und Zufriedenheit. Einen Menschen mit ausgewogenem Wasser-Element scheint nichts aus der Ruhe bringen zu können. Doch das liegt daran, dass sich Wasser immer und überall anpassen kann. Es lässt sich nicht hetzen, wählt in sich ruhend den eigenen Weg.

Wasser ist sehr flexibel. Du kannst darauf einschlagen, es reagiert nicht. Es weicht aus, und wenn du aufhörst, zu schlagen, liegt es wieder da, als wäre nichts geschehen. Du kannst es erhitzen, es blubbert, verdampft und kondensiert zurück in seinen flüssigen Urzustand. Du kannst es in die Erde gießen. Es sammelt sich wieder, fließt zu einer Öffnung und tritt erneut als Wasser hervor. Du kannst es abkühlen, bis es gefriert und fest wird. Sobald du die Kälte zurücknimmst, taut es wieder auf. Wasser lässt sich in seine Moleküle aufspalten, und wenn die Einzelteile wieder aufeinandertreffen, werden sie wieder zu Wasser. Wasser kann nicht zerstört werden, es findet immer wieder in seine göttliche Ursprungsform zurück. Du kannst Wasser stauen und es eine Zeit lang zurückhalten. So kannst du Menschen mit einem hohen Anteil an Wasser in ihrem Wesen von ihrem eigentlichen Weg abhalten. Du kannst sie ausbremsen. Doch irgendwann, ohne Vorwarnung, brechen die Dämme, und die Entwicklung kommt in den Fluss. Wasser-Menschen wirken deshalb häufig phlegmatisch und machen den Eindruck, dass sie ohne wirklich wirkungsvollen Antrieb durchs Leben schwimmen. Doch ist der Druck entsprechend angewachsen, so läuft das Fass über, und sie reagieren.

Wasser ist unbeirrbar auf dem Weg, den ihm sein Naturell vorgibt. Es findet immer seinen Weg, und häufig wird dieser von den anderen Energietypen gar nicht wahrgenommen. Nutze diese Erkenntnis, und mache sie dir zur Eigenschaft. Unabhängig davon, was von außen auf dich einwirkt, bleibe dir und deinem Wesen immer treu.

Rituelle Gegenstände
des Wasser-Elements

Weltweit bekannt und täglich genutzt ist die physische Reinigungs-
kraft des Wassers. Eine weitere Möglichkeit ist die spirituelle Anwendung von Wasser im täglichen Leben.

Der Brunnen

Ein Brunnen fördert den Energiefluss. Wasser steht auch mit
Geldfluss in Verbindung. Fließt reines Wasser in Harmonie in den
Wohnräumen, so ist alles im Fluss. Dies unterstützt ein Brunnen auf
sehr zuverlässige Weise. Dabei müssen der Brunnen und das Wasser
wirklich immer rein gehalten werden, denn nur sauberes Wasser
kann die Energie rein halten. Ergänzend liefert ein Edelsteinbrunnen
die besondere Schwingung des Minerals.

Die Wasserschale

Eine Wasserschale kann eine vertiefende Wirkung auf deinen
meditativen Zustand haben. Der Überlieferung nach
können besonders medial veranlagte Menschen
durch das Schauen auf eine klare und ruhige
Wasseroberfläche Visionen und Botschaften
erhalten. Hierfür eignet sich vor allem eine
silberfarbene oder durchsichtige Glasschale
ohne Muster. Je glatter die Wasseroberfläche,
desto leichter der Weg in die Trance. Auch hier
ist wichtig, dass das Wasser sehr rein ist.

Der Kelch

In Ritualen wird das Wasser oft in einen Kelch gegeben. Der Kelch wird dabei als Symbol für das Empfangende, Weibliche angesehen, so, wie das Wasser häufig für das Fließende der Gefühle steht. Kelche kennen wir traditionell von kirchlichen Zeremonien, silberfarben oder vergoldet und meist verziert. Um die Wirkung eines Kelches zu erzielen, muss das Gefäß aber nicht so aufwendig gestaltet sein. Ein besonders schönes Glas in Form eines Kelches erfüllt den Zweck, selbst ein ästhetisch gestalteter Eisbecher in Pokalform eignet sich hervorragend für den Einsatz.

Der Kessel

Im Kessel werden rituelle Zutaten gemischt. Dies kann Flüssiges, Festes und sogar rein Energetisches sein. Heilende Tinkturen werden in ihm zusammengerührt, manchmal unterstützt durch segnende Formulierungen. Räucherkräuter, -harze und -hölzer werden im Kessel zu einer Mischung verrührt, und Neues entsteht. In den mit reinem Wasser gefüllten Kessel können Ängste, Hoffnungen, Gedanken und vieles mehr gedanklich oder energetisch hineingegeben und durch Umrühren aufgelöst werden. Genauso können hineingegebene Wünsche aktiviert werden.

Der Kochlöffel

Der Kochlöffel aus Holz, mit rituellen Kraftzeichen versehen, unterstützt die Arbeit mit dem Kessel und der Wasserschale. Durch das Rühren mit dem Kochlöffel können die Zutaten miteinander vermengt werden, die Energien mischen sich. Sprichst du während des Rührens einen Segen für diese Handlung, so wird das Ergebnis auf besondere Weise geweiht.

Tägliche Übung: Fokussiere das Wasser-Element

Alle Zellen brauchen täglich ausreichend Wasser, um ihrer Aufgabe gesund nachkommen zu können. Sorge dafür, dass du jeden Tag frisches stilles Wasser trinkst. Informiere dich, wie viel Wasser für dich angebracht und wirklich ausreichend ist. Bedenke, dass nur reines Wasser ohne Programmierung seine klärende Aufgabe erfüllen kann.

Wenn es dir möglich ist, solltest du Wasser nur in Glasflaschen aufbewahren. Bevor du das Wasser trinkst, kannst du es segnen.

Halte deine Hände links und rechts ganz nah an die gefüllte Flasche. Schließe deine Augen, und stelle dir vor, dass du über deinen Kopf über einen Lichtkanal mit der liebenden Kraft des Universums verbunden bist. Über diesen Lichtkanal fließt heilende und segnende Energie in deinen Körper herein und aus deinen Händen wieder hinaus in das Wasser. Halte die Verbindung so lange aufrecht, wie es sich gut für dich anfühlt. Dann lege deine Hände auf dein Herz. Bedanke dich für den Kontakt und die Unterstützung des Universums. Atme tief ein und aus, und beende das Ritual.

Viele Menschen sagen, dass sie gar nicht so viel trinken könnten, wie empfohlen wird. Aus eigener Erfahrung wissen wir beide, dass dies nur eine Frage der Gewohnheit ist. Stelle an verschiedenen Stellen deines Zuhauses oder deines Arbeitsplatzes eine Flasche Wasser und ein Glas bereit. Halte die Gläser immer gefüllt. Wenn dein Blick auf eines von ihnen fällt, trinke es leer, und fülle es sofort wieder auf. Der Trick dabei ist, dass es sich leichter und häufiger trinkt, wenn das Glas bereits gefüllt ist und du nicht noch die Flasche öffnen und Wasser eingießen musst.

Aber viel wichtiger noch als diese Gewohnheiten ist die Bereitschaft, das Wasser für dich wirken zu lassen. Deine Zellen werden frisch versorgt und können ihre ursprünglich geplante Aufgabe wunderbar ausführen.

DU BENÖTIGST:

- ein Altartuch

- wenige Prisen reinen Salzes
  (Achte nach Möglichkeit
  auf ein gutes Salz mit noch
  allen natürlichen Anteilen,
  alternativ nimm normales
  Speisesalz.)

- einen Löffel
  (aus Silber oder Holz)

- eine Wasserschale (aus Glas
  oder silberfarbenem Metall)

- evtl. einen silbernen Gegen-
  stand, z. B. Ring, Anhänger,
  Silberlöffel (nur wenn das
  Silber noch nicht durch die
  Wasserschale oder den Löffel
  vertreten ist)

- reines Wasser (wenn möglich
  Quellwasser), so viel, wie
  deine Schale fassen kann

- deine rituellen Gegenstände,
  die für dich die Verbindung
  zum Wasser-Element symbo-
  lisieren (falls vorhanden)

- Mineralien und Pflanzen des
  Wasser-Elements

- Räucherwerk zur Reinigung,
  Räuchergefäß, Räucherkohle
  und Räucherfeder

Ritual zum Segnen des Wassers

Dieses Ritual wird am Abend des Vollmonds durchgeführt.

Wasser ist ein heiliger Segen. In vielen Kulturen werden Zeremonien rund um das Element abgehalten oder Wasser als wichtiger Bestandteil einer Zeremonie genutzt, z. B. bei der Taufe oder der rituellen Waschung, der Weihung von Ritualgegenständen oder einer Heilbehandlung. Häufig wird das Wasser für diese Arbeit besonders aufgeladen. In vielen religiösen Traditionen ist für die Aufladung oder Weihung eine speziell dafür ausgewählte Person zuständig, die häufig überlieferte Texte dazu nutzt. Dies ist aber nur der Überlieferung geschuldet. Sinn dieser Beschränkung war, dass nur Menschen dieses besondere Wasser herstellten, die ihren Geist besonders rein und klar halten konnten und nur die gewünschte Absicht in das Wasser fokussierten.

Du selbst bist ebenfalls ein Schöpferwesen und befähigt, dein eigenes gesegnetes Umfeld zu prägen. Traue dich, dein Wasser mit deinen eigenen heilsamen Absichten zu weihen.

Mit diesem geweihten Wasser kannst du Menschen, Gegenstände und Räume segnen. Solch eine Segnung stellt den Gesegneten oder das Gesegnete unter den besonderen Schutz der Wesenheit, in dessen Namen und mit dessen Energie das Wasser geweiht wurde. Dies können z. B. Mutter Maria, Gott, die einzelnen Elemente, verschiedene Engel und auch du selbst mit deiner Herzensliebe sein.

Für dein Ritual mit dem Wasser empfehlen wir dir, einen besonderen Platz in den Farben Blau und Türkis herzurichten. Das Altartuch sollte aus leicht fließendem Stoff bestehen. Muscheln, Statuen von Wasserbewohnern und Wasser-Pflanzen bereichern die Energie deines Rituals. Zentrales Element des Rituals wird eine Wasserschale sein. Wähle eine Schale, die du gern für dein Wasser-Ritual nutzen möchtest. Diese Schale sollte entweder aus klarem Glas oder silberfarbenem Metall sein. Je schlichter, desto besser. Eine vollkommen glatte Schale eignet sich am besten.

Vorbereitung

Die Kraft des Wassers kann dich unterstützen ...
- bei der Auflösung blockierter Situationen,
- bei der Aktivierung deines Lebensflusses,
- bei der Reinigung auf körperlicher und energetischer Ebene,
- bei der Segnung von Gegenständen, Menschen, Tieren und Räumen.

Bei diesem Ritual unterstützt dich die Kraft des Vollmonds. Beginne mit den Vorbereitungen bereits im Laufe des Abends, noch bevor der Vollmond aufgeht. Vielleicht möchtest du dich durch blaue Kleidung unterstützen lassen?

Die Gegenstände für deinen Altar sollten sich für dich stimmig anfühlen. Lege alle bereit. Vielleicht kennst du ein Lied zum Wasser, das du zur Einstimmung singst oder summst, um deine heutige Schwingung dem Wasser anzugleichen.

Durchführung des Rituals

Heute wirst du dir mit der Unterstützung der Mondgöttin im Licht des Vollmondes dein persönliches geweihtes Mondwasser herstellen. Mit diesem Wasser kannst du reinigen, segnen und weihen, was dir für dein spirituelles Sein wichtig ist. Auch wenn der Himmel völlig bewölkt ist, dringt die Vollmondwirkung trotzdem zu dir hindurch.

Errichte deinen Altar mit der Schale wenn möglich draußen. Ist dies nicht möglich, wähle für deinen Altar eine Fensterbank, auf die während der Nacht das Mondlicht scheinen kann. Stelle die leere Schale auf den Altar und die restlichen Zutaten in Reichweite daneben. Räuchere alles mit reinigendem Räucherwerk. Setze dich dann vor deinen Altar, und betrachte ihn. Komme innerlich zur Ruhe, und freue dich über die kommende Unterstützung.

Überlege, für welchen Zweck du das Wasser weihen möchtest. Du kannst dies aber auch völlig offen lassen. Gieße das Wasser in die Schale. Gib dreimal die Menge Salz hinein, die du zwischen drei Fingern halten kannst. Gib den silberfarbenen Gegenstand hinzu (falls du eine Glasschale nutzt), und rühre das Ganze mit dem Löffel um. Sprich während des Umrührens deine Wünsche, die die Mondgöttin in dieses Wasser laden soll. Halte die Schale für ein paar Minuten zwischen deinen Handflächen. Fühle deine Hingabe an diese Handlung. Bleibe noch eine Weile an deinem Altarplatz sitzen, und genieße die Energieerhöhung

Lasse die Wasserschale bis zum nächsten Morgen im Mondlicht stehen. Je länger die Mondin ihre Kraft fließen lassen kann, desto besser wird das Ergebnis.

Fülle das geweihte und geladene Wasser in geeignete Glasflaschen um. Erstelle ein aussagekräftiges Etikett für jede Flasche. Das Mondwasser ist so kraftvoll, dass ein paar Tropfen ausreichen, um anderes Wasser aufzuladen. Nutze dieses Mondwasser für deine rituellen Handlungen, wenn du dich reinigen möchtest oder einen Segen geben möchtest. Wenn du magst, kannst du den rituellen Platz noch eine Zeit lang so hergerichtet lassen. Überlege, ob du die Schale ab jetzt immer für die Arbeit mit dem Wasser nutzen möchtest.

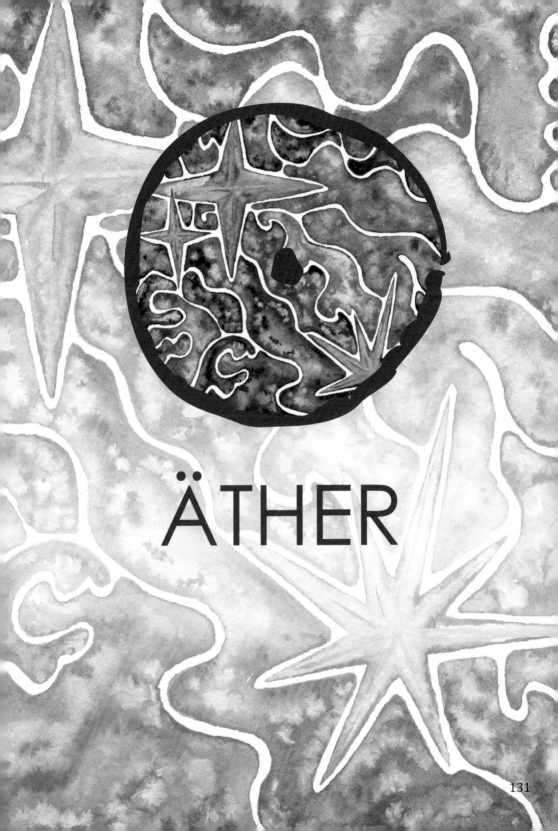

ÄTHER

Das Wesen des Äthers

Der Äther wird häufig als das fünfte Element betrachtet. Diese Bezeichnung ist im Zusammenhang mit den Elementen jedoch etwas verwirrend. Vielmehr ist das »fünfte« die Übersetzung des Begriffes »Quintessenz«, der die Leere, das Nicht-Materielle bezeichnet. Während Erde, Feuer, Luft und Wasser physisch nachweisbare Elemente sind, ist Äther das genaue Gegenteil davon. Er ist die Sphäre, in der keinerlei Materie vorhanden ist, das Nichts, das zwischen den materiellen Ebenen existiert. Äther ist die spirituelle Kraft der Schöpfung, während aus Erde, Feuer, Luft und Wasser der physische Teil hinzugefügt wird. Die Quintessenz liefert die Blaupause, den Plan dafür, wie das Universum und damit auch das Leben auf unserem Planeten zusammengesetzt sein sollen.

Auf diese Weise wirkt das Äther-Element als Verbinder. Es hält den Raum, in dem die anderen vier Elemente wirken können, und lässt auf diese Weise eine Verbindung zwischen dem Erdgebundenen und dem Kosmischen entstehen. Im Äther-Element und durch das Äther-Element wirken alle Kräfte, die keine physische Form haben, wie der Magnetismus. Äther ist Klang und Bewusstsein.

Im Äther schwingt der kosmische Ton »OM/AUM«. Dieser für viele Glaubensrichtungen heilige Ton wirkt direkt über die Herzebene. Wenn er erklingt, öffnen sich die Herzchakras der Menschen und weben zusammen mit ihren Schwingungsfäden ein Feld der Liebe und des Friedens.

Unsere Seelen sind mit dem Äther-Element verwoben. Dieser Kontakt entwickelt die Übersinnlichkeit, mit der wir u. a. die feinen Webfäden, die zwischen allem wirken, wahrnehmen und erkennen können. Im Nichts des Äthers kann sich die Seele ohne Begrenzung ausdehnen. Sie ist dadurch befähigt, mit allen Universen und Galaxien in Kontakt zu treten und das Wissen daraus zu verarbeiten.

Was wirkt mit der Unterstützung des Äther-Elements?

Da der Äther selbst das Nichts repräsentiert, kann auch nichts zu ihm gehören. Daher müssen wir uns hier folgerichtig fragen: Was wirkt mit der Unterstützung des Äther-Elements? All dies kannst du nutzen, um dich mit dem Äther zu verbinden. Rufe beispielsweise den weißen Drachen und Krafttiere an deine Seite, oder lasse deine Schwingung durch den Duft des Weihrauchs erhöhen. Arbeite mit den Farben, Runen und Mineralien, und lasse dich z. B. zu einem Äther-Altar inspirieren. Die Möglichkeiten sind grenzenlos. Das Äther-Element ist die geistige Nahrung, durch die Entwicklung entsteht. Es unterstützt und fördert die persönliche Weiterentwicklung und Erleuchtung. Alles Meditative, Übersinnliche braucht das Äther-Element, um entstehen und sich entwickeln zu können.

Naturwesen des Äther-Elements

Der **WEISSE DRACHE** gilt als die weiseste und älteste Energie im Reich der Naturwesen. Sein Wissen ist allumfassend. Aufgrund seines hohen Alters nimmt er all seine Erfahrungen zusammen, um mit seinem Rat der Entwicklung zu dienen. Gleichzeitig hat er eine große Gelassenheit entwickelt. Er erkennt die Ursachen und die Wege, die zu den aktuellen Gegebenheiten geführt haben. Der weiße Drache dient der Schöpfung, indem er seine Liebe und sein Wissen in die Welt gibt.

Pflanzen des Äther-Elements

Das Harz des **WEIHRAUCHSTRAUCHS** erzeugt beim Verbrennen
eine ganz feine und hohe Schwingung. Es klärt das Feld und öffnet
uns für die hohen Ebenen. Es fördert die Meditation und die Visionen.

Tiere des Äther-Elements

Alle **MYTHISCHEN TIERE** aus den unsichtbaren Reichen zählen
zu den Tieren, die mit dem Äther-Element in Verbindung gebracht
werden können. Hierzu gehören auch die schamanischen Krafttiere
aus den verschiedenen Welten sowie weitere geistige Begleiter aus
der Astralebene.

Himmelsrichtungen und Farben des Äther-Elements

Das Äther-Element taucht erstmalig in den alchemistischen Schriften des Mittelalters auf. Die Beschäftigung mit diesem Element war den Wissenschaftlern vorbehalten. Erst durch die Engellehre wurde dieses Wissen zu Beginn des letzten Jahrhunderts immer weiter verbreitet. Der Äther wird durch die Farbe Violett dargestellt. Der schöpferischen Kraft des Universums zugeordnet, verbindet er alle vier Naturelemente zu einem großen Ganzen.

Das Äther-Element ist keiner Himmelsrichtung zugeordnet. Seine Position ist der Punkt in der Kreismitte. In allen Kreisen, auch in den Menschenkreisen, die verbunden sind, gibt es eine Mitte, deren Energie vom Äther-Element aufrecht gehalten wird.

Runen des Äther-Elements

Eine der besonderen Eigenschaften des Äther-Elements ist der Klang, der Ton, den wir mit unserer Stimme nutzen. Wir kommunizieren nicht nur über das gesprochene Wort, sondern auch über Gefühle, Körperschwingungen, Gedanken. Diese Arten des universellen Austauschs werden vom Äther-Element geleitet. Die Runen des Äthers verbinden Oben und Unten, die höchste Quelle und Mutter Erde.

ALGIZ	gesunde Grenzen, Schutz, Verteidigung, Ausrichtung, Freiheit
ANSUZ	Kommunikation, Weisheit, Inspiration
DAGAZ	Erleuchtung, Seelenerweckung, die Kommunikation mit der höchsten Quelle
EIHWAZ	Erneuerung, tiefes Wissen um das Mysterium des Lebens und Sterbens, Kraft zur Erneuerung, Wandel im Lebensplan

Mineralien des Äther-Elements

Dem Äther-Element zugeordnet sind alle reinen Mineralien wie
BERGKRISTALL und **DIAMANT.** Beide Kristalle verstärken die
vorhandene Energie, ohne eine persönliche Prägung zu hinterlassen.

Chakra des Äther-Elements

Das **VIERTE CHAKRA,** das Herz-Chakra, schwingt in der Äther-
Energie. Über die energetische Schwingung des Herzens verschenkst
du deinen ganz persönlichen heiligen Klang in die Welt.

Das Äther-Element und DU

Erinnere dich: Du bist ÄTHER.

SEI DIE QUELLE,
VERBINDE,
INSPIRIERE.

Du bist die Quelle.
Aus dir heraus entsteht alles.
Du bist die Blaupause, die der weiteren Schöpfung die Aufgabe gibt.

Du bist die Verbindung zwischen allen anderen Elementen.
Durch dich wird der Kreis erst rund.

Du bist Schöpfung.
Einfach sein.
Die Energie halten.
Erschaffen.

Du vereinst, was zusammengehört.
Du inspirierst den Geist, zu fliegen.
Du inspirierst die Luft, zu wehen.
Du inspirierst das Feuer, zu brennen.
Du inspirierst das Wasser, zu fließen.
Du inspirierst die Erde, zu wachsen.

Du bist der Impuls.

Du bist die Quelle.

Beachte: Du bist ÄTHER.

Das Äther-Element in deinem physischen Körper und in deiner Persönlichkeit

Der Äther hat keinerlei physische Form. Die vier Elemente Erde, Feuer, Luft und Wasser sind als physische Bausteine in unserem Körper vorhanden. Äther gibt ihnen den Raum, die Tanzfläche zur Entfaltung. Aus diesem Grund ist es sinnvoll, den Einfluss des Äther-Elements auf uns im Ganzen zu betrachten.

Das Element Äther berührt uns auf der energetischen Ebene und somit im Bereich unserer Persönlichkeit. Das menschliche Energiesystem, die Aura, umschließt den gesamten physischen Körper und dehnt sich noch viel weiter aus. Es wird von der Energie aus dem Äther gespeist. Unsere Persönlichkeit verändert sich durch die spirituelle Entwicklungsarbeit mit dem Äther-Element.

In der Alchemie der früheren Jahrhunderte wurde der Äther als »das Licht« bezeichnet. Damit meinte man nicht das uns bekannte physische Licht. Das Licht des Äthers besteht aus der spirituellen Schwingung des höchsten Seins. Verbindest du deinen Geist mit dem Äther-Element, so schließt du dich an die höchste Quelle an. Dies ist die Schwingung der All-eins-Liebe, der Kraft, die alles miteinander verbindet und in Harmonie bringt. In der Meditation ermöglicht uns der Kontakt zum Äther-Element, den Weg der Erleuchtung zu gehen. Er ist der absichtslose Weg, der Weg der Herzensliebe im Einklang mit deiner Bestimmung.

Jeder Mensch verfügt über einen Astralleib, der die Seele wie eine schützende Hülle umgibt. Wenn du schläfst, hat deine Seele mithilfe des Astralleibs die Möglichkeit, den physischen Körper zu verlassen. Unter Zuhilfenahme deiner spirituell-geistigen Schaffenskraft kannst du, angebunden durch und an das Äther-Element, in jede der astralen Ebenen gehen, um dort zu lernen und/oder Heilarbeit zu leisten. Währenddessen wird dein physischer Körper von der Geistigen Welt gehütet und beschützt. Er bleibt über eine Silberschnur mit deiner Seele verbunden. Diese Technik wird seit vielen Jahrhunderten in unzähligen fernöstlichen Tempelschulen gelehrt.

Äther unterstützt dich dabei, zu verstehen, wie du das Geistige nutzen kannst, um das Materielle zu formen, zu reinigen und zu nähren.

Menschen mit einem ausgewogenen Anteil an feinstofflichem Äther-Element wirken ausgeglichen. Sie sind fähig, die spirituellen Aspekte von Gegebenheiten zu verstehen und die Ergebnisse sinnvoll ins Leben zu integrieren. Sie haben gleichzeitig eine stabile Basis und wirken im Hier und Jetzt. Ein Übermaß an Äther im eigenen Leben kann sie jedoch die »Bodenhaftung« verlieren lassen. Diese Menschen wirken häufig sehr zart und durchscheinend in ihrer Ausstrahlung. Sie beschäftigen sich so viel mit den geistigen Fähigkeiten und Möglichkeiten, dass sie schnell damit überfordert sind, sich den einfachen Verrichtungen des täglichen Lebens zu widmen.

Wir Menschen haben einen starken Geist, der mithilfe des Äther-Elements das Universum verstehen lernen kann, und doch ist unsere Seele in unserem physischen Körper zu Hause, weil wir uns entschieden haben, unsere Erfahrungen auf der Erde zu machen und zu lernen, wie wir Himmel und Erde verbinden können.

Auf die Intensität des eigenen Äther-Elements im Körper und in der Psyche können wir am einfachsten durch Düfte und Töne Einfluss nehmen. Das Riechen und das Hören sind bei den meisten Menschen die feinfühligsten Sinne. Neben dem Räuchern dienen uns ätherische Öle und Tinkturen bei der Aktivierung. Ist dein Äther-Element zu schwach entwickelt, fällt es dir schwer, die Geistigen Reiche wahrzunehmen, und sie scheinen dir unerreichbar. Ist deine Intuition blockiert, so hilft dir der Weihrauch sehr gut, deinen Geist zu öffnen. Die ätherische Schwingung dieses Harzes schafft unverzüglich eine Verbindung zu den universellen Kräften. Ein Zuviel an Äther kannst du mit erdenden Pflanzen ausgleichen. Dies können Teile von Bäumen wie z. B. Eichenrinde, Weidenrinde, Myrrhe, Zedernholz oder Thuja sein. Du kannst diese Substanzen verräuchern oder auch als ätherische Öle in dein Umfeld vernebeln. Zusätzlich kannst du dein Äther-Element durch die Nahrung beeinflussen. Lebensmittel wie Kartoffeln, Möhren und andere Wurzeln, Schokolade, Fleisch und Süßes (vor allem Zucker) wirken erdend. Biologisch einwandfreie Lebensmittel und reines Wasser helfen dir, das Äther-Element zu stärken. Hierbei dient besonders Rohkost in unverarbeiteter, ursprünglicher Form als Zugang zur Schöpfung und damit zum Äther-Element.

Auch das Tönen von uralten Mantras, die von Generation zu Generation weitergereicht wurden und durch die regelmäßige, intensive Nutzung aufgeladen sind, stärkt deine Verbindung zur Quelle und zum Äther enorm. Solche alten Mantras sind z. B. *Gayatri Mantra* und *Om Tryambakam*. Genauso wirkungsvoll ist es, wenn du mit deiner eigenen Stimme Töne entstehen lässt, die aus deinem tiefsten Herzen kommen. Es braucht keine Melodie zu sein. Lasse deine eigene Schwingung erklingen. Je besser du angebunden bist, desto leichter gelingt es dir, für dich den Wissensspeicher des Äthers, die Akasha, verfügbar zu machen. Durch das Äther-Element bekommst du Zugang zur Blaupause deines Seins, zur Datenbank des Universums, zum Schöpfer in dir, zum Potenzial deiner selbst. Du bist Äther, du bist Schöpfer, du bist!

Rituelle Gegenstände des Äther-Elements

Erwartungsgemäß lassen sich für das Äther-Element keine speziellen Gegenstände finden, denn es ist nicht materiell verfügbar. Am ehesten verbinden wir den Äther mit dem Zustand des Seins. Aus diesem Grund brauchen wir für die Verbindung mit dem Äther-Element nichts außer unserer Absicht und der Ruhe um uns herum und in unserem Geist. Wir kennen Gegenstände, z. B. Statuen, die uns auf die Anwesenheit des Äther-Elements aufmerksam machen, weil diese uns den Zustand von »Sein im Frieden« vor Augen führen. Sie erleichtern uns die Verbindung hin zum Geistigen.

Die Buddha-Statue

Buddha-Statuen in Meditationshaltung erinnern uns daran, dass wir in der Stille den Einklang mit dem All-Eins finden können. Meditieren heißt, in den Raum zwischen den Gedanken und den sonstigen Aktivitäten des Geistes zu gehen, um in der Stille die Weisheit zu erfahren. Äther hält diesen Raum, und wir können entspannen.

Kristallkugeln

Sich drehende Kristallkugeln erinnern uns an die Wiederkehr im ewigen Sein und daran, dass Energie nie verloren gehen kann.

Die Kerze

Brennende Kerzen lassen uns beim Betrachten in die tiefe Meditation versinken, in der wir die Lebenskraft im Äther selbst erkennen und sie aus ihm schöpfen können.

Tägliche Übung:
Fokussiere das Äther-Element

Aus den Einzelteilen ein Ganzes zu machen, sind die Kunst und Fähigkeit des Äther-Elements. Jedes der Elemente steuert etwas dazu bei, dass diese Schöpfung existieren kann. Aus dem Äther heraus entsteht das Leben. Die Leere, die das Äther-Element eröffnet, füllt sich aus den anderen vier Elementen heraus mit Lebenskraft und ermöglicht die Entstehung von Materiellem.

Kannst du das erkennen? Wie nimmst du dein tägliches Leben und die Einflüsse der Elemente wahr? Scheint bei dir die Sonne mit ihrer wärmenden Kraft, oder erkennst du auch im Regen Klang und Duft, die im Zusammenspiel der Elemente Wasser und Erde aufsteigen?

Gönne dir das folgende Erlebnis mindestens einmal täglich. Vielleicht magst du damit ja deinen Tag beginnen und dich besonders motivieren. Du kannst dir dieses Geschenk machen, sooft du willst und kannst.

Gestatte dir mindestens einmal täglich, deine Umgebung ein paar Minuten lang ganz bewusst wahrzunehmen. Halte inne, was immer du gerade tust, und gehe hinaus in die Natur. Lasse deine Gedanken unbeachtet vorüberziehen. Schaue, was vor deinen Füßen liegt. Betrachte den Himmel. Welche Farbe hat er, welche Formen haben die Wolken? Was zeigen dir die Bäume und Sträucher? Sind Tiere in deiner Nähe, sitzen Vögel oder sogar Eichhörnchen auf den Bäumen? Was riechst du? Wie viele verschiedene Gerüche nimmst du wahr? Was schmeckst du? Und was hörst du? Besonders der Regen hat so eine Vielfalt an Geräuschen, Gerüchen, Formen und Temperaturen, dass das Betrachten sehr faszinierend ist. Was du siehst, ist das Wunder der Schöpfung: alle Elemente im Schoße des Äthers, im Zusammenspiel der heiligen Blaupause. Lasse dir so viel Zeit, wie du kannst. Genieße den Tanz der Schöpfung um dich herum. Fühle, wie dich dieser Moment entschleunigt, sobald du dich darauf einlässt. Verschenke zum Ausgleich dein Gefühl der Dankbarkeit und Wertschätzung an alles, was dein Blick streift.

DU BENÖTIGST:

- ein Altartuch
- Gegenstände für die Elemente Erde, Feuer, Luft und Wasser
- einen Bergkristall (alternativ einen anderen Gegenstand, der den Äther symbolisiert)
- einen Dolch
- eine Kerze und Streichhölzer
- einen Schal

Ritual zum Segnen des Äther-Elements

In unserem Herzen befindet sich im hinteren Teil der vierten Herzkammer eine weitere Kammer, die fünfte Herzkammer. Die Entdeckung dieser Kammer war das Ergebnis der wissenschaftlichen Herzforschung durch Dr. O. Z. Hanish (1856–1936) in den 1920er-Jahren. Er entdeckte eine Zelle mit einem Vakuum, das mit natürlichen Gegebenheiten nicht erklärbar ist. Das in dieser Zelle vorhandene Vakuum ist so in der Natur nicht möglich, und doch ist es da. Unter dem Blick einer mikroskopischen Kamera zeigte sich das Abbild einer geschlechtslosen, stehenden Person. In dieser Herzkammer, die gerade einmal einen Durchmesser von zwei Millimetern hatte, vereinigten sich die vier Basiselemente, wurden gehalten, getragen und behütet vom fünften Element, der Quintessenz, die bereits Sokrates »Äther« nannte. Dieses fünfte Element ist das Licht in uns, das aus dem Licht der Quelle allen Seins, der Schöpferseele, erwächst. Wenn wir tiefe und echte Liebe für jemanden empfinden, entstehen Resonanzen, die diese Stelle weiten, und wir bekommen spürbar ein warmes Herzgefühl. Erinnern wir uns an den kleinen Prinzen, der sagte, dass wir nur mit dem Herzen gut sehen! Das Wesentliche sei für unsere Augen nicht erkennbar.

Auch wenn sich Mediziner und Gelehrte über die Existenz der fünften Herzkammer streiten, ist es uns wichtig, diese Worte vorauszuschicken, damit du dich auf das Ritual zur Anrufung und zum Segnen des Äther-Elements einlassen kannst.

Vorbereitung

In der Verbindung mit dem Äther-Element kannst du ...
• deine Anbindung an die höchste Quelle vervollkommnen,
• das Zusammenspiel der Elemente erkennen,
• deine Medialität schulen,
• dein Urvertrauen entwickeln und stärken.

In diesem Ritual laden wir dich zu einer Äther-Meditation ein. Begib dich dafür an deinen bevorzugten Meditationsplatz, und bereite dort einen Altar vor. Wähle ein lilafarbenes oder weißes Tuch, und platziere einen Bergkristall oder etwas anderes, was für dich den Äther symbolisiert, in der Mitte. Nun lege in den vier Himmelsrichtungen je einen Vertreter für jedes Element. Das kann beispielsweise eine Wasserschale für das Wasser, etwas Sand für die Erde, Federn für die Luft und eine Kerze für das Feuer sein. Wenn du möchtest, kannst du sie in ein Crystal Grid einbinden. Bereits bei der Vorbereitung darfst du die Kraft des Äthers spüren, er wird dich für den Rest des Rituals und darüber hinaus lenken. Damit du dich gleich ganz in die Meditation sinken lassen kannst, empfehlen wir dir, den folgenden Text zur Durchführung aufzunehmen, z. B. mit deinem Smartphone.

Durchführung des Rituals

Errichte zu Beginn einen Schutzkreis. Nimm dafür den Dolch in die Hand, und beschreibe mit ausgestrecktem Arm einen vollen Kreis im Uhrzeigersinn um dich herum. Sprich laut:

»Im Schutzkreis der Elemente bin ich behütet und geschützt. Ich lade die Geistige Welt, meine Engel und Begleiter, die Elemente-Meister, meine Krafttiere und mein höchstes Selbst ein, in diesen Kraftkreis zu kommen. In diesem Kreis ist alles willkommen, was mir dient, und alles, was für diese Aktion überflüssig ist, fordere ich auf, sofort den Kreis zu verlassen. Dieser Schutzkreis hat Bestand, bis ich ihn bewusst auflöse oder bis zum nächsten Morgengrauen.«

Zünde die Kerze an. Nimm deine bevorzugte Meditationshaltung ein, und bedecke deine Augen mit einem Schal. Schließe zusätzlich deine Augen, und werde dir deines Atems bewusst. Komme aus dem Alltag bei dir an. Atme ruhig, langsam und tief ein und aus, immer ruhiger, immer tiefer. Und während du atmest, denke an die letzten ein oder zwei Tage zurück und an deine Verbindung zu den Elementen. Hat sich das Arbeiten mit dem Element Luft bereits auf deine Atmung ausgewirkt, bist du bereit und offen für Inspirationen? Wie bewusst ist dir das Element Wasser, das dich bei der Reinigung unterstützt hat? Was hast du wegspülen können, welche Informationen hast du mit dem Trinkwasser aufgenommen? Wie achtsam bist du über den Boden gegangen, hast du die Verbindung zur Erde unter deinen Füßen gespürt? Hast du vitaminreiches Gemüse und Obst zu dir genommen? Mit welchen Informationen hast du deine Zellen gespeist? Wie war deine Verbindung zum Feuer-Element, sind deine Räume behaglich warm? Hat die Sonne deine Aura und deinen Körper gewärmt? Ist dein Verdauungsfeuer angeregt, und hast du beim Training das Brennen in deinen Muskeln wahrgenommen?

Schaue die Gedanken, die dir dazu kommen, an, bewerte sie nicht, und lasse sie weiterziehen. All diese Wahrnehmungen hast du im Außen gemacht. Nun jedoch lässt du die materielle Welt der Elemente für die nächsten Minuten hinter dir. Atme tief und ruhig. Du fühlst dich sicher und behütet. Widme diese Meditation dir persönlich. Nur du und deine innere Wahrnehmung sind nun wichtig.

Dein Atem ist tief und gleichmäßig. Gehe mit deinem Atem nun in dem Rhythmus, in dem sich dein Brustkorb hebt und senkt, zu deinem Herzen. Nimm wahr, wie kräftig und mächtig es sich anfühlt. Stelle dir vor, wie du auf einen großen Platz kommst. In der Mitte schwebt, wie von einem Magneten gehalten und ausbalanciert, dein Herz. Ohne Furcht trittst du näher und schaust es dir an. So groß hast du es dir nicht vorgestellt. Gehe um dein Herz herum. Sieh, wie im Sinusknoten die Blitze zucken und wie sich durch die Impulse deine Herzkammern im Takt der Blitze zusammenziehen und wieder lösen. Beobachte, wie das Blut durch dein Herz und deinen Körper pulsiert. Sei einen Moment andächtig in der Stille, und mache dir dieses Geschenk bewusst, das du aus der höchsten Quelle bekommen hast. Von der Schöpferseele, von der du selbst ein Teil bist. Bleibe ruhig und zentriert in deinem Geist.

Tritt nun so weit vor, dass du das Herz ganz nah sehen kannst, fast verschmilzt du mit ihm. Lasse deinen Blick nun weich werden, sodass die Konturen vor dir etwas verschwimmen. Lenke mental deine Aufmerksamkeit in dein Herz hinein. Gehe langsam und bedächtig, aber stetig, in es hinein, bis du dich etwa in der Mitte deines Herzens befindest. Du merkst, dass dort das Energieniveau noch einmal extrem ansteigt und sich gleichzeitig die Temperatur erhöht. Du bist ganz bei dir, in deinem innersten Ich, angekommen. Dein Atem fließt weiter ruhig und gleichmäßig. Dein Herz schlägt wie ein Uhrwerk. Bitte jetzt darum, dass dir die fünfte Herzkammer gezeigt wird. Sei erwartungsvoll. An der Verbindungsstelle deiner

Herzhälften wird die Gefäßwand durchscheinend, und wie durch einen Nebel siehst du eine einzelne Zelle auftauchen, kaum stecknadelkopfgroß. In der Zelle sind die Umrisse eines geschlechtslosen Menschen mittleren Alters zu erkennen. Du schaust ehrfürchtig und dankbar genauer hin. Hier ist die Ur-Information aus der höchsten Quelle gespeichert, die Blaupause, nach der du erschaffen bist. Diese Ur-Information sorgt dafür, dass all deine Körperzellen wissen, wann und wie sie erneuert werden müssen. An diesem Ort in deinem Körper findest du das Element Äther, die feinstoffliche Materie, das Akasha-Gedächtnis deines Seins. Genieße diesen intensiven Moment. Wenn du das erste Mal diese Erfahrung machst, sei besonders behutsam und achtsam.

Verlasse mental dein Herz wieder. Du stehst erneut auf dem Platz vor ihm. Lege jetzt zuerst die rechte Handfläche flach auf deine Brust, dorthin, wo du dein Herz spürst, dann lege deine linke Handfläche flach über deine rechte Hand. Atme beim Einatmen tief in deine Brust hinein, zu deinem Herzen hin, und stelle dir beim Ausatmen vor, dass dein Atem durch deinen Brustkorb zu deinen Händen fließt. Atme so lange, bis du deinen Atem in deinen Handflächen wahrnehmen kannst. Du spürst die Lebendigkeit, du fühlst dein Herz, der Atem fließt durch dein Herz, durch die fünfte Herzkammer und deine Blaupause in deine Handflächen. Löse nun mit jedem Ausatmen langsam deine Hände etwas weiter, bis deine Arme ausgestreckt und waagerecht links und rechts neben deinem Körper angekommen sind. Atme weiter, und erhebe mit jedem Atemzug deine Hände bis über deinen Kopf. Deine Arme bilden ein »V«. Richte deinen Blick hinauf zur höchsten Quelle.

Öffne dein Bewusstsein, fühle, wie sich dein Brustkorb noch weiter öffnet, wie dein Licht, dein Sein, immer heller und größer wird, sich ausdehnt. Du bist mit allem verbunden – mit deiner Umgebung, mit all den Menschen, die sich über das alles verbindende Netz mit dir verknüpft haben. Du bist mit allen Seelengefährten und Wesen über das Lichtgitternetz der Erde, der Blume des Lebens, verbunden. Dein kosmisches Licht dehnt sich weiter aus, weiter und weiter, und du fühlst die Allgegenwärtigkeit der heiligen Schöpfung. Du weißt, du bist ein Teil davon.

Halte dieses Gefühl fest in deinem Herzen. Bleibe in dieser Energie, solange du magst. In dieser Sphäre erfährst du dich als Teil der Schöpferseele selbst. Das ist die Qualität des Äthers.

Für heute ist es genug. Wisse, dieser Ort steht dir jederzeit offen. Verbinde dich nun mit deinem Herzen, und gestatte dir, jetzt wieder mit deinem Bewusstsein auf dem Platz vor deinem Herzen zu sein.

Erlaube der Zelle, die Blaupause wieder sicher zu umhüllen. Beobachte, wie sie sich verschließt und sich dann wieder harmonisch in das Gewebe einfügt. Lege abschließend deine Hände auf deinen Brustkorb, und bedanke dich für diese Erfahrung.

Sobald es sich für dich gut anfühlt, kehre mit deinem vollen Bewusstsein in deinen physischen Körper zurück. Atme hierzu mehrmals tief ein und aus. Führe das in einem dir angenehmen Tempo durch.

Die Kerze, die während des Rituals gebrannt hat, hat diese Energie aufgenommen, die dank deiner Bereitschaft entstanden ist. Beim nächsten Anzünden wird diese Energie wieder aufgebaut und steht dir zur Verfügung. Du kannst diese besondere Energie von dieser Kerze auch auf andere Kerzen übertragen.

Danke für dein Vertrauen.

Die Bedeutung der Elemente
für dein Leben

ERINNERE DICH: DU BIST DER KLANG.

Deine Schwingung fließt in die Welt.
Alles, was du denkst, fühlst, tust, sprichst,
bringt dich in Schwingungen.
Um dich herum sind die Schwingungen anderer Menschen,
Tiere, Lebewesen. Deine Schwingungen verschmelzen
mit den Schwingungen der anderen Wesen.

Eine neue Schwingung entsteht.
Jede Schwingung erzeugt einen Ton.
Dieser Ton fließt weiter in die Welt,
trifft auf andere Schwingungen, andere Töne.

Sie verschmelzen zu einem neuen Ton und fließen in die Welt.

Dein Ton, deine Schwingung treffen mit dieser
wirkungsvollen Energieschwingung zusammen.

Womit willst du diese wundervolle und
aufbauende Kraftquelle nähren?

Was bringst du von dir in die Welt?
Welche Stimme willst du erheben?

Richte dich auf, fühle in dich hinein.
Spüre deine Größe, deine Aufrichtigkeit.
Lasse dein Licht leuchten.
Sende deine Melodie in die Welt.

Beachte: Du bist der Klang.

Die Elemente sind Teil unserer Welt. Ihr Einfluss ist manchmal offensichtlich: Wenn es stürmt und der Wind den Sand weit durch die Luft wirbelt, wenn Regenschauer oder Überschwemmungen wüten oder die Hitze der Sonne die Felder verbrennt. Und manchmal wirken die Elemente ganz subtil, verschwinden fast ganz aus unserem Bewusstsein. In diesem Buch haben wir die ganze Bandbreite ihres Einflusses dargestellt. Wo hast du Querverbindungen zu deinem Naturell, zu den Tierkreiszeichen, den unterstützenden Runenkräften und den Himmelsrichtungen entdeckt? Welche Tradition im Umgang mit den Elementen hat dir besonders gut gefallen? Hast du den Einfluss der Elemente auf deine Persönlichkeit erkannt? Hast du herausgefunden, wie sie auf deine Ernährung einwirken? Welche Eigenschaften möchtest du weiter fördern, und welche sind schon deutlich zu verspüren? Die Einflüsse und Möglichkeiten der Ernährung auf dein Naturell sind ein so umfangreiches Thema, dass wir es hier nur ansatzweise darstellen konnten. Die Informationen sollen dir den roten Faden an die Hand geben, mit dessen Hilfe du weitergehendes Wissen finden kannst, wenn du das möchtest.

Wir haben es während des Schreibprozesses erlebt: Mit den Elementen kann man sich nicht oberflächlich beschäftigen. Elemente geben dir die Chance, dich immer vollständig unter ihre Führung zu begeben. Während der Entstehung dieses Buches haben uns die Elemente sehr deutlich gezeigt, was über sie geschrieben werden soll. Ganz nach dem Motto »Lernen durch Tun« durften wir während des Schreibens erleben, welche Elemente bei uns persönlich im Ungleichgewicht, im Übermaß vorhanden oder unterversorgt, waren. Traurigkeit – fröhliche Lebendigkeit, Unsicherheit – Standfestigkeit, Gedankenschwere – Inspiration, Wut – Dynamik ... die Elemente ließen uns alle Facetten durchleben. Tief berührt, durften wir beobachten, wie sich unser Fokus schärfte und wie wir die Kräfte der Elemente immer besser verstehen durften. Je mehr wir sie verstanden und uns für sie öffneten, desto leichter flossen die Zeilen aus unseren Fingern.

Wir haben erkannt, dass sich die Elemente Erde, Feuer, Luft und Wasser niemals beherrschen lassen werden, auch wenn manche Menschen dies glauben. Die Elemente sind starke Begleiter an unserer Seite, wenn wir es schaffen, mit ihnen im Einklang zu leben, wenn wir ihre Signale lesen lernen. Wir können und sollen mit ihnen zusammenarbeiten. Vieles hatten wir im Laufe unseres Lebens gehört oder gelesen, doch nur die eigene, ganz praktische und handfeste Beschäftigung und die persönliche Öffnung für die Elemente ließen uns die völlige Größe unserer Möglichkeiten erleben.

In der Zeit des Schreibens ist uns besonders bewusst geworden, wie stark das Zusammenspiel unser Wetter bestimmt. Und wir erkannten, wie abhängig die Schöpfung von dem harmonischen Zusammenspiel der Elemente ist. Dies ließ uns noch intensiver und auf einer tieferen Ebene erkennen, dass Wahrnehmung und Wertschätzung dieser kosmischen Geschenke und Dankbarkeit ihnen gegenüber unser Leben sichern. Gesunde Luft ist nicht immer einfach nur da, sondern wir müssen lernen, dieses Gut zu achten. Ebenso wie die Wärme eines Zuhauses, die Verpflegung und ausreichend gutes Wasser. Wir müssen nicht in die Fremde ziehen, um zu begreifen, dass das nicht selbstverständlich ist. So, wie wir mit den Gütern der materiellen Welt umgehen, mit den Elementen, so wird sich die Welt im Außen widerspiegeln. Und es sind nicht nur die vier Elemente Erde, Feuer, Luft und Wasser, die unser Leben bestimmen. Der Äther, die heilsame Verbindung zwischen den anderen Elementen, ist viel intensiver mit uns verwoben, als wir uns dessen bisher bewusst waren.

Wir alle sind Schöpferwesen, mit dem Geist in allem verbunden. Erinnere dich: Der Äther ist der Klang. DU bist Klang. Kraft deiner Gedanken formst du deine eigenen Lebensumstände. Du strahlst in die Welt. Deine Gedanken weben ein Netz der Gemeinschaft. Dieses für dich möglicherweise klein wirkende Puzzleteilchen ist ein wichtiger Teil für die Gesamtheit der Menschheit. Werde dir bewusst, was du erreichen kannst, wenn du dein dir innewohnendes Äther-Element dafür nutzt, dich unter den Schutz und die Führung der heiligen Schöpfung zu stellen. Nimm deine wahre Stärke als schöpferisches Wesen mit allen Aspekten des Seins an. Lade die Elemente in dein Leben ein, und folge deinem Lebensplan.

Und wenn du durch die Inhalte dieses Buches dabei Unterstützung findest, macht uns das froh. Wir freuen uns, wenn wir von dir Rückmeldungen mit deinen Erfahrungen erhalten. Unsere Kontaktdaten findest du unter unseren Vitae.

Mit Liebe von Herz zu Herz
Antara Reimann & Peter Eckel

DANKSAGUNG ...

... von Antara Reimann

Ich danke den Verlegern Markus und Heidi Schirner für die Möglichkeit, das Bewusstsein für die Elemente zu verbreiten, damit viele Menschen in sich die Verwandtschaft mit diesen Kräften erkennen mögen. So wirkungsvoll und auch mächtig sich die Elemente im Außen zeigen, so stark bestimmten sie auch die Entstehung dieses Buches mit. Alle ihre Facetten durfte ich mental und physisch erleben und die Auswirkungen erkennen. In dieser intensiven Zeit durfte ich mich selbst reflektieren und musste das auch. Ich danke den Elementen für ihre eindringliche Anleitung und die vielen Erkenntnisse, die ich während des Schreibens gewinnen durfte. Ich begriff, dass ich dieses Leben nur führen kann, weil sie mir diesen Körper bereitstellen. Und diese Einsicht macht mich sehr nachdenklich. Mir wurde bewusst, wie viele Menschen mich auf meinem jahrelangen Weg in der Arbeit mit den einzelnen Elementen angeregt, bereichert und begleitet haben. Ich danke euch allen sehr dafür, vor allem für die Experimentierfreude, die wir gemeinsam auslebten. Meinen liebevollen Lebenspartner und Mitautor Peter Eckel in jeder Phase der Bucherstellung an meiner Seite zu spüren, hat nicht nur Freude bereitet, sondern das Erleben noch einmal massiv bereichert und mir Mut und Halt gegeben. Von Herzen Dank für deine Nähe, deine Treue und die Liebe in meinem Leben. Ich danke unserer Lektorin Natalie Köhler für die fürsorgliche Betreuung und fachliche Unterstützung, durch die aus Ideen ein Buch entstehen konnte, dem Lektor Bastian Rittinghaus für den finalen Feinschliff sowie den Mitarbeitern aus der Grafik für die kraftvolle Umsetzung des optischen Rahmens. Und dir, lieber Leser, danke ich besonders für dein Interesse und dafür, dass du nun dieses Buch in den Händen hältst. Ich wünsche dir ganz viel Freude und viele Erkenntnisse beim Lesen.

... von Peter Eckel

Meine geschriebenen Worte können nicht annähernd die Tiefe meiner Dankbarkeit zeigen. In einer für uns alle herausfordernden Zeit durfte ich mich mit den Elementen verbinden, um dir, lieber Leser, meine Wahrnehmung und meine Sicht auf die Verbindung der Elemente mit unserem Sein mitzuteilen. Welche Zeit wäre dafür besser geeignet gewesen als lange Winterabende nach einem Bürotag im Homeoffice? Ich danke den Herausgebern Heidi und Markus Schirner dafür, dass sie mir und meinem Herzensmenschen Antara diese Möglichkeit eröffnet haben. Auch in dieser zweiten Gemeinschaftsarbeit mit Antara wurde mir deutlich, dass die Erfahrungen, die jeder für sich in seinem Leben sammelt, einem höheren Zweck dienen, dem Begreifen und Erkennen. So flossen ganz unterschiedliche Sichtweisen zum selben Thema zusammen, und nur so konnte das Buch so entstehen, wie du, lieber Leser, es nun in der Hand hältst. Die Elemente haben sich selbst eingebracht, Unmengen an Wasser, Kaffee, Tee haben unsere Zellen informiert. Die Spaziergänge mit unseren Hunden haben uns die Erde und die Luft nahe gebracht. Das innere Feuer trieb uns an, die Wärme und Behaglichkeit beim Diskutieren mit Rotwein und einer kuschelweichen Decke half, die einzelnen Aspekte des Buches zu finalisieren. Ich danke meiner Lebensgefährtin Antara für ihre Engelsgeduld, ihren Enthusiasmus, ihren Antrieb, ihre Erfahrung und ihre Liebe zu den Elementen. All diese Dinge hat sie jederzeit mit mir geteilt, um das Ergebnis zu perfektionieren. Danke für deine Liebe und dein Sein, deine Fröhlichkeit und all das, womit du mich und deine Umwelt bereicherst.

Unserer lieben Natalie Köhler Danke für das Lektorat und die Unterstützung, stellvertretend für alle Mitarbeiter des Schirner Verlages. Nicht zuletzt danke ich dir, lieber Leser, für den Erwerb dieses Buches. Das macht mir Mut für die Zukunft.

ÜBER DIE AUTORIN

Antara Reimann

ist zertifizierte schamanische Heilerin nach den Richtlinien des »Shamanic Healing« des »Bridget Healing Centre« (T. C. O. T. S.), Glastonbury/Großbritannien, sowie anerkannte Heilerin im »Dachverband Geistiges Heilen« (DGH e. V.). Seit über 25 Jahren leitet sie das spirituelle Zentrum »Licht-Focus« mit Sitz im nördlichen Westerwald. Ihr Angebot erstreckt sich von Seminaren, Meditationen und Erlebnisabenden über Ausbildungen im europäischen Schamanismus bis hin zu spirituellen Bildungsreisen, zum Beispiel nach Südengland.

Antara Reimanns Wissen über viele Themengebiete ist breit gefächert und zeichnet sich durch eigene praktische Erfahrungen aus. Mehrjährige Weiterbildungen in England lassen sie über den Tellerrand hinausschauen und vieles gekonnt miteinander abgleichen und verbinden. Ihr persönlicher Kontakt zu Angehörigen der Crow-Indianer in Montana unterstützte sie dabei, den eigenen europäischen Weg zu entwickeln.

Antara Reimanns Helfer aus den Geistigen Reichen sind die Eulen. Diese führen sie zu dem verborgenen Wissen zwischen den Welten und übergeben ihr die Aufgabe, das, was heute wichtig ist, hervorzuholen und in die Sprache der Jetztzeit zu übersetzen. Zu den alten Kräften, die heute wieder beachtet werden wollen, gehören die Runen. Im Sommer 1995 erschienen diese zum ersten Mal in Antara Reimanns Leben und sind ihr seitdem beständige Begleiter geblieben, die ihr immer wieder mit gutem Rat zur Seite stehen. Seither ist Antara Reimann auf vielen Veranstaltungen vertreten gewesen und bietet regelmäßig Runenberatungen und -analysen an. Ohne die Frage zu wissen, interpretiert sie die erscheinenden Runenkräfte und bringt sie in einen treffenden Kontext, sodass jede Frage präzise beantwortet wird.

2006 erhielt Antara Reimann in Glastonbury den Auftrag von der Großen Göttin, den Kontakt zwischen dieser und den Menschen erneut herzustellen. Es folgte über viele Jahre hinweg eine intensive und bereichernde Lehrzeit. Heute arbeitet Antara Reimann als Medium für die Große Göttin und bringt deren Botschaften zu den Menschen, die dafür offen sind. Wichtig ist ihr dabei die Zusammenführung der weiblichen und männlichen Kräfte in harmonischer Balance, ohne Geschlechterrollen und Machtkampf. Die von ihr organisierten und geleiteten spirituellen Bildungsreisen führen nach Glastonbury, dem Gestalt gewordenen Avalon – an den Ort, an dem der Großen Göttin ganz leicht begegnet werden kann.

In ihren Büchern und Vorträgen können Interessierte an diesem Wissen teilhaben und sich anregen lassen, ebenfalls mit Neugierde ihrer Spur zu folgen.

»Think globally – act locally«, so lautet einer ihrer Lebensgrundsätze. Und ein weiterer: »Betrachte die Auswirkungen des Handels von der übergeordneten Ebene aus. Erforsche die Wurzeln der Gegend, in der du lebst. Welche Kräfte wirken dort?« Im europäischen Teil unserer Mutter Erde geboren, fühlt sie sich mit den hier wirkenden Wesenheiten und Kräften verbunden und verrichtet mit offenem Herzen und einer gehörigen Portion Humor die Aufgaben, die für sie vorgesehen sind.

www.lichtfocus.de
www.spur-der-schamanen.de
www.voices-for-healing.de
bit.ly/AntarasYoutube

ÜBER DEN AUTOR

Peter Eckel

ist medialer Berater und Energiearbeiter. Seine geistig-energetischen Behandlungen werden durch Reiki und den ergänzenden Einsatz von Kristallen unterstützt. Der indigene Schamanismus und das Zusammenspiel der verschiedenen Traditionen sind seine Leidenschaft. Peter Eckel nahm an verschiedenen schamanischen Ausbildungen teil und bekam so einen tieferen Zugang zu anderen Naturreligionen, aber auch zu anderen Glaubenssystemen. Besonders fernöstliche Weisheiten lässt er gern in seine Arbeit einfließen. Auf diese Weise hat er sich eine breit gefächerte Basis für sein schamanisch geprägtes Wirken geschaffen. Autodidaktisch gleicht er neu Erfahrenes immer wieder mit seinem Wissen ab.

Fasziniert ist er von dem Zusammenwirken des althergebrachten Runenwissens mit seinen eigenen schamanischen Erfahrungen. Hier finden die Runenexpertin Antara Reimann und Peter Eckel viele Gemeinsamkeiten und Überschneidungen. Nach ihrem ersten Bestseller »Rauhnächte und die Kraft der Runen« hältst du nun ihr zweites gemeinsames Buch in den Händen. Zusammen haben die beiden Autoren auch das System des »Shamanic Rune Healing« entwickelt und leben den Weg des europäischen Schamanismus. Sie geben ihre Erfahrungen, auch zu den Inhalten dieses Buches, in Workshops,

Abendveranstaltungen und Seminaren weiter. Peter Eckel ist stark medial veranlagt und gut an die Geistige Welt angebunden. Mit Visionsreisen und Meditationen führt er Teilnehmer an Situationen heran, die für ihre Entwicklung wichtige Impulse und Anregungen bieten können. So begleitet er sie ein Stück auf dem Weg zur Erinnerung an den göttlichen Funken, der in jedem selbst liegt.

www.petereckel.de
www.voices-for-healing.de

Die Macht der Runen entdecken

Antara Reimann & Peter Eckel
Rauhnächte und die Kraft der Runen
Alte Bräuche in einer modernen Zeit

200 Seiten, ISBN: 978-3-8434-1432-6

Orakel, mystische Rituale, Visionen ... sie prägen die Rauhnächte, jene sagenum-
wobenen Nächte der Rückschau und des Ausblicks zwischen den Jahren, die als die
bedeutsamste Orakelzeit des Jahres gelten. Von alters her werden auch die Runen
befragt, denn als weise Impulsgeber ermöglichen sie tiefe Einblicke in Vergangen-
heit, Gegenwart und Zukunft.

Antara Reimann
Runenrituale für die alltägliche Praxis

144 Seiten, ISBN: 978-3-8434-1356-5

Die Runen des »Älteren Futharks« sind kraftvolle Impulsgeber und magische
Geheimnisträger, die sich seit Jahrhunderten im Orakel für die Gestaltung des
Lebensweges bewährt haben. Wenn wir ihre Energien im Herzen verinnerlichen,
sind wir in der Lage, dieses traditionelle Wissen aktiv für uns zu nutzen.

Schirner
Verlag

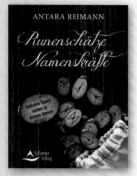

Antara Reimann
Runenschätze – Namenskräfte
Heilsame Runen wirken in deinem Namen

136 Seiten, ISBN: 978-3-8434-1296-4

Unser Name ist das Erste, was uns unsere Eltern mit auf den Weg geben. Kaum einer weiß, dass sie uns damit gleichzeitig besondere Kräfte zur Seite stellen: Zu jedem Buchstaben unseres Alphabets gesellt sich eine Rune samt ihrer Schwingung und Energie. Mit diesem Wissen können wir unser volles Potenzial erkennen, es entfalten – und uns von der Kraft der Runen in unserem Namen tragen lassen.

Antara Reimann & Roland Scholz
Runenorakel
Im Einklang mit den Elementen

Kartenset, 39 Karten mit Begleitbuch, ISBN: 978-3-8434-9112-9

Seit der Zeit der Wikinger werden Runen als Orakel und Impulsgeber auf dem Lebensweg genutzt. Dieses Kartenset erweitert die Deutungsmöglichkeiten der ältesten Runenzeichen um die Runenfamilien, die Elemente, die drei Nornen, ausgewählte Legepläne und verbildlicht sie auf intuitiv erfassbare Weise.

Weibliche Schöpferkraft leben

Antara Reimann & Anne-Mareike Schultz
Göttinnen-Rituale
Weiblichkeit leben mit der Kraft der
keltischen und nordischen Göttinnen

176 Seiten, ISBN: 978-3-8434-1400-5

Weiblichkeit – damit verbinden wir seit jeher Fruchtbarkeit, Geborgenheit, Kreativität, Natur, Leben. Da liegt es nahe, dass bei den Kelten die bedeutsamsten Gottheiten machtvolle weibliche Wesen waren. Aber auch ihre nordischen Nachbarn, die imposanten Wikinger und Germanen, berichteten von zauberkundigen, schönen, weisen und manchmal auch ganz unzauberhaften Göttinnen.

Antara Reimann
Tea for Two – die Göttin und du
Hand in Hand mit der Großen Göttin
in dein schöpferisches Potenzial

144 Seiten, ISBN: 978-3-8434-1321-3

»Tea for Two – die Göttin und du« bringt dich zurück zu dir selbst. Es inspiriert dich dazu, deine ureigene Verbindung zur Großen Göttin zu erfahren sowie deine Schöpferkraft wiederzuentdecken und zu aktivieren. Dadurch wirst du ungeahnte Potenziale in dir freisetzen.

Schirner
Verlag

Danke
für deine REZENSION

– Gemeinsam sind wir mehr –

Liebe Leserin, lieber Leser,
von Herzen danken wir dir, dass du dieses Buch in den Händen hältst und es bis zum Ende gelesen hast. Das bedeutet uns, dem Schirner Verlag und seinen Autoren, sehr viel. Aus voller Überzeugung und mit Hingabe widmen wir uns seit vielen Jahren Themen, die unser aller Lebensqualität und Bewusstwerdung dienlich sind, und hoffen, einen Beitrag für eine lichtvollere Welt leisten zu können. Wenn dir unsere Arbeit gefällt, möchten wir dich bitten, dir einige Minuten Zeit zu nehmen, um dieses Buch zu rezensieren. Warum? Die meisten Menschen lesen Rezensionen, bevor sie ein Buch kaufen, da sie hierdurch einen Eindruck bekommen, ob und wie der Inhalt des Buches den Leser erreicht hat. Eine kurze Rezension ist dabei ebenso hilfreich wie eine lange, sehr ausführliche. Um es auf den Punkt zu bringen:

Eine Rezension ist heutzutage die beste Werbung für ein Autorenwerk!

Wenn du den Schirner Verlag und seine Autoren neben dem Buchkauf auch anderweitig unterstützen willst, dann bitten wir dich: Schreibe für jedes Werk eine Rezension – vielleicht als persönliche Leseempfehlung für die Buchhandlung in deiner Nähe oder online, z.B. beim Schirner Verlag. Das wäre nicht nur eine Wertschätzung für die Autoren, sondern kann dazu beitragen, dass die Verkaufszahlen steigen und der Schirner Verlag auch in herausfordernden Zeiten Bestand hat.

WIE SCHREIBT MAN EINE REZENSION?

Grundsätzlich sollte eine Rezension aus der eigenen, subjektiven Sicht geschrieben werden, da es sich um eine persönliche Meinung handelt. Du kannst in zwei Sätzen deine Gefühle zu dem Buch äußern oder eine längere Rezension verfassen. Falls du nicht weißt, wie du beginnen sollst, hier ein paar Anregungen:

- War das Buch leicht verständlich geschrieben? Wie hat dir die Sprache gefallen? Wie war die Aufteilung zu den verschiedenen Themen?

- War es unterhaltsam? War es deiner Meinung nach mit Herzblut und Liebe geschrieben? Wie hat es auf dich gewirkt?

- Hat es dein Herz berührt? Konntest du dich wiederfinden?

- War es tief greifend genug? Hast du viel Neues gelernt?

- Hat es gehalten, was der Titel und die Buchbeschreibung versprochen haben? Hat es deine Erwartungen erfüllt?

- Was macht das Buch besonders? Warum sticht es heraus im Vergleich zu anderen Büchern, die ein ähnliches Thema behandeln?

- Würdest du das Buch weiterempfehlen oder verschenken?

BILDNACHWEIS